親子カフェのつくりかた

成功する「居場所」づくり8つのコツ

小山訓久

学芸出版社

はじめに

子育てをしていると、本当にいろんなことがありますよね。「おっぱいがでない」「赤ちゃんが寝ない」「体力が持たない」「お金がかかる」「心が疲れている」「赤ちゃんの成長が気になる」などなど。そんな悩みを話せて、しかもご飯を食べられる場所があれば素敵ですよね。

でも、現実には、そんな場所は少ないです。

行政側も、育児施設や支援センター、児童館を用意していますが、あまり人気ではありません。「親子カフェ」自体は、都内にもだいぶ増えてきていますが、3年以上継続しているところは数えるほど。「親子の広場」という形で地域の方が運営している施設は、常連さんばかりで初めての方は入りにくい雰囲気。そもそも、親子の居場所は難しいので、経営にも困っているそうです。

「おやこカフェほっくる」は、今年で4年になります。

1日のお客様の平均は20家族。

月の平均来客数は400家族。

FACEBOOKの「いいね！」2000以上。

「家族」と書いたのは、ママは必ずお子さんと一緒に来るからです。お子さんも1人として計算すれば、月に800人のお客様が来ていることになります。ものすごい数ですよね。1日平均20家族がランチを食べに来たり、講座を楽しんでいらっしゃいます。「波」がありますが（ママ向けのビジネスには必ず「波」があります！あとで説明しますね）、1年間で6000家族ほど集まっています。

「おやこカフェほっくる」が、こんなに人気なのは、ちょっとだけヒミツがあります。今回は、そのヒミツの一部と、親子カフェをこれからつくりたい人のためにコツをお伝えしようと思います。この本が向いている方は、

●これから親子カフェをつくりたいと思っている一般の方
●親子カフェのような場所をつくりたいと考える行政の方
●もっと親子に受け入れられる親子カフェづくりを目指す企業の方

でも、

シンプルに言うと、ママと子どもが、すっごく楽しめる場所をつくりたい！とココロの底からアツく思っている方なら、きっとこの本は役に立つと思います。親子カフェをもっと効率よく、もっとステキに出来るはずです。

●最近、儲からないから、子どもエリアをつくろうと考えているカフェオーナー

●売れそうなモデルだから、親子カフェをつくろうと期待する企業の方
●子育てしているから、自分も親子カフェが出来るはずと自信満々の方

こんな方には、この本は向いていません。ゴメンナサイ。親子カフェは、ちょっと普通のカフェと違います。カフェ経営に優れていても、親子カフェはきっと出来ないでしょう。たぶん資金繰りや内装はステキでしょうが、継続はできないと思います。

そして、「おやこカフェほっくる」がつくっている親子カフェは、今までの親子カフェとは違います。今までの親子カフェって、カフェに子どもエリアがついているだけだったり、常連さんだけが集まる拠点だったりと、どんなママでも気軽に楽しめる場所ではなかったですよね。今までの親子カフェが気付かなかったことを、ぜひ皆さんにお伝えしたいと思っています。

あなたなら、どんな親子カフェをつくりますか？

ずっと温めていた企画もあるでしょう。今から、ワクワクしちゃいますよね。

この本は、そんなあなたのために書かれています。

そして、読んでいくうちに、「本当の親子カフェって、こうなんだ」と気付くはずです。

では、次の章から一緒に親子カフェをつくっていきましょう。

もくじ

はじめに 3

1 親子カフェは「カフェ」じゃない! 9

親子カフェの非常識!? 10
メニューにないことが本当の価値 25

2 サードプレイスをつくるということ 45

「おやこカフェほっくる」のデータ公開 46
ワンストップ、サードプレイス 49
居場所づくりがゴールではない 54

3 売っているのは、ランチではなく「体験」 61
「体験」が生まれるランチと講座 62
雰囲気づくりはブランドづくり 81

4 ママは写真で判断する 87
思いを伝える三つの方法 88
集客ってどうするの 100

5 ママも子どもも夢中にさせるポイント 105
タイクツさせない演出 106
つくりたい場所をイメージする 113

6 物件探しは三角形 …… 119
立地はブランド、売上、集客のカギ 120
立ち上げまでのスケジュール 133

7 気になるお金のこと …… 147
失敗しない運営の工夫 148
企業と仲良くできる方法 157
大事なのは売上ではなく利益 164

8 カフェ開業に必要なペーパーワーク …… 167
カフェ開業に必要なのはコレだけ！ 168
マニュアルには余白を 175

おわりに 183

1

親子カフェは「カフェ」じゃない！

親子カフェの非常識!?

居場所を求める人、つくりたい人は多いのに、続かないのはなぜ?

親子カフェを考えるには、まずは原点!

「どうして、ママと子どもに親子カフェが必要なんでしょう?」

「どうして、ママは親子カフェに行くんでしょうか?」

お茶を飲むだけだったら、駅前のカフェやファミレスでも良いですよね。おしゃべりだったら、幼稚園や学校の集まりでもできますし、誰かのお家でお話することもできるはず。なんで、ママは親子カフェに行くんでしょう?

実は、この疑問をよーく考えることがスゴク大事です。特に、カフェを開こうと思っているエリア、あなたが住んでいるご近所の様子に合わせて考えてみてください。「親子カフェ」「親子の居場所」「子育て拠点」「子育て支援施設」などなど、呼び方は様々ですが、親子が集える施設は増えてきています。東京都内には、約50件ほどの親子カフェがあります。約50件というのは、親子カフェは出来たり、つぶれたりの繰り返しが多いからです。開店してもすぐに潰れてしまうお店も多いです。せっかくつくったのに、潰れてしまうのはもったいないですよね。

親子カフェの運営は、特徴的です。その特徴を知らないで、「カフェの亜種」と思って運営しているとうまくいきません。親子カフェの問題点は、大きく言うと二つに尽きます。

● 一つ目は、親子の居場所が少ないこと
● 二つ目は、親子の居場所の運営が難しいこと

地方にも、親子カフェや親子の居場所は増えてきています。自宅を開放したり、平屋で自然体験もできる施設を併設しているなど、とても立派です。東京や都市でも同じ仕組みができたらなと羨ましく思えます。地方で、居場所がうまくいくのは、なんと言っても地代や家賃が安いからです。家賃にかかる費用が少なければ、その分、食材費や人件費にあてることができます。また、野菜を無料で手にいれたり、ボランティアさんが豊富にいたりなど、資源も多いです。毎日たくさんの人が来なくても、運営できるだけの収入を確保すれば、ちゃんと運営が続きます。一方、都市ではどうしても地代や家賃が高くなりますし、食材費もかかります。住んでいる人が多いので、親子の居場所はニーズが高いですが、運営するには、お金がかかるのです。「家賃が高いのは、どのお店でも同じでしょ?」確かに、そうですよね。ラーメン屋さんも、チェーン店も同じように高い家賃を払って、運営しています。もうお気づきかもしれませんが、親子カフェが少ないのは、家賃が高かったり、土地がそもそも無いだけが理由ではありません。親子カフェの運営を教えてくれる人がいないからです。ラーメン屋さんでは、先行事例があっ

たり、運営の方法を教えてくれるコンサルタントがいらっしゃいます。チェーン店だと、専門のマニュアルもあります。一般的なお店は、ある程度の運営方法を使いながら、そこから自分で工夫を重ねて、お店を盛り上げていくことができます。親子カフェや親子の居場所は、先行事例こそたくさんありますが、運営方法がまとまってはいません。居場所の雰囲気づくりや安全管理などのマニュアルはたくさんあっても、「経営」の方法はキチンとないのが現状です。そして、うまくいっている親子の居場所も、行政からの補助金を頼りにしているため、申請書類の書き方はうまくなっても、どうやったら集客できるのか、どうしたら安定して講座を提供できるのかなどは体系にはなっていないのです。こうして、補助金が打ち切られると潰れてしまう親子の居場所が多いです。親子の居場所、親子カフェの運営はけっして難しくはありません。難しく見えるのは、運営と経営の方法を教えてくれる人がいないからです。親子カフェは、収益の部分と収益にならない部分が共存している形態です。収益だけを追い求めてると、お金は入ってくるかもしれませんが、居場所にはなりません。行くたびに、なんでもお金が掛かるような場所には、行きたくないですよね。だからといって、なにをしても無料の場所は、運営するには難しくなります。

整理してみましょう。

●親子の居場所を求めている人は、たくさんいる

- 親子の居場所をつくりたい人も、たくさんいる

でも、

- 都市だと家賃が高い、場所がない
- 補助金を活用する運営しか知らない
- カフェ運営の方法しか知らない
- 親子の居場所のつくりかたを教えてくれる人がいない

その結果、

- 親子の居場所が少ない

こんな感じの悪循環が続いています。行政も親子の居場所をつくっていますが、場所をつくることしか知らないので、中身については充分ではありません。来る人のニーズに合っていなければ、場所にはやってきません。場所をつくるから人が来るのではなくて、人が来るから、そこが場所になっていくのだと思います。まずは、人を連れて来るのが第一歩ですよね。

親子カフェには親子カフェの経営ノウハウがある

この本は、「親子カフェの作り方講座」の中身をまとめてつくられました。様々な地域で、講座を開くと、どこでも「親子の居場所をつくりたい」という声はすごく多いです。つくりたい

方もたくさんいらっしゃいます。中には、すでにつくっている方もいます。参加者の声を聞くと、親子の居場所、親子カフェの必要性はわかっていても、運営と経営の方法はわかっていないと気づきました。親子カフェと一般のカフェは、やり方が似ているようで違います。高齢者の居場所と親子の居場所も似て非なるものです。似ているからといってマネすると、最初はうまくいっても、やがて違いが大きく広がっていきます。ですから、親子カフェなら、親子カフェに特化した方法を学んだ方が早いし、効率的だと思います。これは、講座を開いて、参加者の声から気づいたことでもありますが、自分自身も親子カフェを開いた時に、「なんで、親子カフェのつくりかたって、世の中にないの!?」と困った経験があったからです。カフェ、コミニティカフェ、居場所づくり、子育て支援施設などの運営方法を参考にしながら、つくっていきましたが、親子カフェそのものを教えてくれる人や本はありませんでした。海外を参考にしても、居場所ということを論じる文献があったり、親子の居場所の必要性を訴える研究があっても、運営方法を教えてくれるものはありません。

　アジアだと、公園や広場にお母さんやベビーシッターさんが集まって情報交換しています。アメリカやヨーロッパだと、赤ちゃん連れでも普通にカフェに入ってきます。赤ちゃん連れだからといって、配慮をしないと、大問題になりますし、お店は、どんなお客さんにも対応するように法律と文化が整っています。日本にも、そういう文化が根付けば良いなと期待しながら

アメリカ・シアトルの「PLAY HAPPY CAFE」（公式 FACEBOOK より）

イングランド全域で展開する「BABY CAFE」（http://www.thebabycafe.org/）

も、ママと赤ちゃんだけが来られて、食事や講座を楽しめる場所も大事だなと思います。

ただ海外にも、子どもの居場所と親が学べる講座を併設した親子カフェは増えてきているようで、海外から視察に来られる方も増えてきています。

親子カフェのマニュアルがない中、試行錯誤と日々の経験から、すこしずつカタチにしてきたのが本書です。親子の居場所をつくりたい人、企業、行政の方や、既につくっていて、もっと運営を良くしたい方々には、大いに参考になると信じています。実際に、「親子カフェを、私の地域でつくりたい！」と声をあげたママたちに、直接教えたこともたくさんあります。「親子カフェをつくって」ではなくて、自分たちでつくるという熱気がありました。自分たちが持つニーズを、自分たちで叶えるというのはすごくステキです。

子連れママの居場所がなかった杉並区

「おやこカフェほっくる」も、お母さんのニーズから始まっています。「ほっくる」は、「ホッと」と「来る」を合わせてつくりました。当親子カフェの場所は、杉並区阿佐ヶ谷。駅の周りには商店街もあり、学校や幼稚園も複数あるため、ママがたくさん住むエリアです。おまけに、杉並区は子育てにヤル気のある地域です。行政も一生懸命、子育て支援に協力してくれるので、「子育てに良い地域」として東京都でも知られています。当然、ママも子育てに熱心。受験ママは少ないのですが、お子さんにとって良い情報や学びの場を提供したいと思っている方が多いです。絵画教室や体操教室、勉強以外の学びで子どもを伸び伸び育てるのも杉並区の特徴かもしれません。

でも、杉並区にはママの居場所はありませんでした。特に赤ちゃんを抱えているママには、ご飯を食べる場所もありません。ファミリーレストランは、シニアの方が集まっていたり、ランチ時には大盛況。赤ちゃん連れで入ることは出来ません。美味しいお店やカフェはありますが、やっぱり一般の方が多いので赤ちゃんと一緒に入れませんし、子ども向けのメニューやサービスはありません。子ども向けサービスをしてくれるお店も増えていますが、まだまだ足りない状況です。なにより、赤ちゃんと一緒にお店で食べるのは、ママにとってはすごくハードルが高いことです。親子カフェに来たママから、こんな話を聞きました。「赤ちゃんと一緒にランチできるお店というと、ファミレスくらいでした。でも、独りでいくほど度胸は無かったです。子どもが泣くと、周りの方からイヤな顔をされて、私も食べさせながら、自分も食べるので落ち着きません。ママ友と一緒にいくと、子どもを見て貰えたり、周りの視線も気にならないのですが、それでも、のんびりはできません。子どもが大きくなるまで、外でご飯をするのはガマンかなと思っていると、ますます自宅にこもりっきりになっていきました。」

「赤ちゃんと一緒にご飯を食べるのは、全身運動です。出産してから、初めて気づきました。

手がたくさんある仏像ありますよね。あんな風になれたらと思うくらいです。赤ちゃんを抱っこしながら、食べられる料理を選ぶことから始まりました。汁モノだと赤ちゃんに飛んだら大変です。食べているだけで、子どもは泣きます。泣くと、周囲の目が気になるので、ますます食事が作業になってきます。」

ご飯を食べる場所がないって、すごく深刻な問題です。食べる機会や選択が制限されることなんですから。食べるお店がないと、家で食べるしかありません。安心して食べられるかもしれませんが、孤立してしまったり、他のママと交流する機会が減ってしまいます。また、食べるものがいつも同じだったら、お子さんの成長にもプラスになりませんよね。

「お店はたくさんあるのに、ママと赤ちゃんが安心して食べられる場所がない」というのは都会で起きている問題かもしれません。気付いている人は少ないけど、ママはすごく困っています。

「食べる場所がないんだったら、友人のママの家で食べたら？」

こう話している方は、友人のママたちを定期的に自宅に呼んでいらっしゃるそうです。でも、同じように自宅にお友達を呼ぶって、できますか？　たまには良いけど、定期的には難しいんではないでしょうか。それに、ママ同士だって、いろいろあります。たまには、他の人と話したい時もあるでしょうし、もしかしたらケンカだってするかもしれません。同じメンバーにずっと参加しているのって、気を使ったり、遠慮したりと大変ですよね。ママにも、シガラミはあるのです。それに、いつも同じメンバーで集まっていると、情報にも広がりがなくなります。

ママは親子カフェに何をしにいくのか

子育て情報や生活に役立つ情報って、お友達のママから聞くことが多くありませんか？　雑誌やテレビ、ネットと情報に触れる選択肢は増えましたが、やっぱりママ友から聞くと説得力が違います。生の情報なので、ママが失敗したところや工夫も一度に聞けます。これって、すごくありがたいですよね。講演やセミナーで、子育て情報を知ることもありますが、やっぱり先生なので一方通行。あまり質問を聞けたり、一緒に子育てをしている関係にはなりません。行政の皆さんも、努力して子育てに役立つ情報を伝えていますが、お役所に行かないとチラシを貰えなかったり、教えてくれる内容が今のママには役立たなかったり…せっかく講演会に行ってみても、内容が異なってガッカリということもあります。ママが必要な時に、必要なだけ、気兼ねなく子育ての情報を得られる場所って、今まではなかったんです。親子カフェだと、ママ友からいろんな話を聞けますし、子育てのプロの先生もいらっしゃるので、お茶を飲みながら気楽に学べます。

つまり、お母さんが来るのは、

「お母さんもお子さんもノンビリと食べる場所が欲しい」

「子育て情報やコツを一度に気楽に聞きたい」からなのです。

親子カフェが必要な理由でもあります。ママは欲張りというか、一度に全部が大好きですよね。「食事」と「のんびり」。「美味しい」と「身体に良い」、「役立つ」と「安く」、「友達づくり」と「先生づくり」、「子育て」と「自分磨き」。そんなママの声を聞き、一度に叶えるスペースが親子カフェです。最後のニーズが隠れていましたね。ママは、親子カフェに自分磨きを理由でやってきます。新しい自分になれる情報や機会を得たり、もっと楽しく生活できる自分になりたいのです。「おやこカフェほっくる」では、ママの自分磨きもどんどん応援しています。ここから先生デビューをしたママも、起業したママもいらっしゃいます。

親子カフェは、「赤ちゃんでも安心してすごせる場所」「ママも子どもも同時に成長できる場所」、そして「地域に密着している場所」。これは、カフェやレストランでは出来ないことですよね。

1ヶ月のうちに、行く曜日やイベントが決まっているので、生活のリズムになったり、いつも会うカフェ友、ママ友をつくる機会にもなります。「この前は、講座でご一緒でしたね！」「水曜のランチでお会いしませんでしたか⁉」こういう会話は、なかなか普通の食堂やカフェでは聞けませんよね。すると、どんどん仲良くなっていきます。時間、食事、場所、体験、思いを共有していくと、さらに仲良くなるのです。そして、この共有というのは、決して押しつけではなくて、自然と自分の心地よい範囲で出来ていくのが大事なところです。「交流しましょう！」「自分のことを積極的に話してください！」という場所だったら、なんだか息苦しいですよね。こうした自然で、自分の出来る範囲の交流というのは、赤ちゃんがお手本です。ハイハイしている様子を見て、自分で試してみたり、周りを観察して、初めて自分と同じ赤ちゃんという生物に気づいたり。赤ちゃんは、居るだけで様々なことを経験していきます。そして、お母さんは、となりのお母さんと会話しながら、あるいは会話がなくても、経験や関係性を共有しているのです。自分より小さい赤ちゃんに接したり、赤ちゃん同志で触れ合ったり、それを周りで見ているお母さん。お子さんもお母さんも、経験値を増やしていくことになります。

プレママにとっては、これから生まれてくる赤ちゃんは、こんなふうに育つんだと目安が分かります。プレママの利用率は、お客様全体の1割と少ないです。どちらかと言うと、お腹が目立つ前にいらっしゃって、育休に入る前の準備にしてくださっています。ご夫婦でいらっしゃって、「ここに来れば安心だね」と言って、帰る方もいて、妊娠から出産、育児までの準備に役立つ場所と認知されているようです。プレママの方が来ると、周りのお母さんの注目を一気に集めます。プレママ自身も、話しかけてもらうのはありがたいようで、ものスゴく盛り上がって会話をしています。特に初めての出産の方は不安と期待で一杯で、ネットや本で見て勉強はしていても、なにが起きるかわからないし、自分で上手く出来るかわからないことが多いです。そんな時に、先に子育てしているママから生の情報を得たり、実際に授乳の様子を見られるのはとてもタメになります。「学ぶ」という言葉の語源は、「真似」から来ているそうです。育児の教科書がなかった時代は、先輩から教わったり、お互いに真似しながら学んでいったのでしょうね。本に書いていないことを実際に見たり聞いたりしながら、さらに実践もできるのはプレママにとっては嬉しいですよね。ママたちも、教えながら再確認したり、他のママのやり方を学んだりと、新しい発見があるようです。こういう交流や関係性が生まれるのも、親子カフェの優れた点だと思います。決して、押しつけではなく、誰かが上から指導するわけでもなく、自然と学びあい、助け合いが生まれてくるのです。

他のお母さんを参考にできるのはすごく大きいと思います。しかも、無料です。見ていることで、隣のお母さんから料金を求められることなんてありません。

隣のお母さんと話してみて、触れてみて、肌で実感してみたり、赤ちゃんを抱っこさせてもらって、「同じ1歳でもこんなに重いんだな」と身体で実感したり。数字や見た目で、自分の子と他人の子を比較するのではなく、実際に触れあって体感させてもらっているという感じでしょう。そして、それはお互い様です。一方のお母さんだけ質問をして満足するというのではなく、お互いに学びあっています。自分の子どもの成長度合いもわかりますし、自分自身の「お母さんレベル」もわかります。完璧なお母さんは、どこにもいなくて、誰もが見よう見まねで覚えていきます。親子カフェは、そういう、当たり前の部分に気付けるのかもしれません。ちょっとづつ学んでいくので、大丈夫なんだとわかると、お母さんたちも安心するようです。親子カフェの運営側としては、お母さんがすごく満足して帰っていく姿をお送りできるのは、すごくうれしいことで、同時に「どのあたりに満足したのかな」と疑問に思うこともあります。

こうした、ほかのお母さんとのふれあいや学びあいというのは、メニューには入っていません。しかし、このメニューに入っていないことこそ、大事なところです。隣のお母さんと話して、苦労していること、工夫していることを見たり、聞いたりすると自分もちょっとずつお母さんに成れていけば良くて、同じように子どもの成長もそれぞれのペースで良いんだと安心してくれます。今のお母さんは、ネットや本があふれていて情報がある反面、実践の場は自分の家でしかありません。初めてスポーツを習う時には先生から教えてもらうだけではなく、隣の先輩や同じときに入ったお友達を真似て、覚えていきますよね。情報や教科書だけで学んでいると、うまくいかなかったときに自分にダメ出ししたり、お子さんの成長をネットや教科書に書いてある平均値と比較してしまいます。平均値から遅れていたら、もしかしたら自分の子どもは遅れているのかもと不安になります。隣のお母さんと赤ちゃんと直にふれあえるのは、平均値なんかではなく、互いの違いを実感して、共通点も発見していきます。お互いのふれあい、関係性から、その場で身体で覚えられるのはうれしいですよね。そして、またうれしいことに、自分ではまだまだと思っているお母さんも、だれかのお手本になってもいます。一方的に、一人のお母さんだけ学んでいるのではなく、お互いに姿を見て学んでいるのです。これは、実際に会話していなくても、お母さんの所作や、赤ちゃんとのふれあいを見て、学んでいらっしゃいます。武道でいうところの、「見取り稽古」に近いですね。武道や踊りの世界では、習うだけではなく、見ることも修行のうちです。先輩や仲間が踊っているところを見て、相手の良いところ、悪いところを見つけて、自分の踊りに生かしていきます。見ながら、頭の中でシュミレーションして、その場で踊って覚えていきます。おっぱいをあげながら、お友達とおしゃべりしつつ、スパゲッティを召し上がっているお母さん（こんなに多くのことを一息でやるんですからスゴイですよね）がいると、隣のお母さんはそれとなく眺めて、赤ちゃんを膝に乗せる角度や、食べるタイミングなどを学んで、すぐに自分でも試していらっしゃいました。すると、こうすれば食べやすいんだとか、赤ちゃんも楽なんだなと身体で覚えていくのです。学びあう文化ができているのは、親子カフェの特徴です。お互い様の文化でもありますね。

子育て支援センターや児童館は、わざわざお弁当をつくって出かけるそうです。そして、中では飲食ができないので、決まった場所でしか食べられません。友達ができると思って、出かけても、実際には友達ができなくて、同じような思いを持ったお母さんは、地域内にたくさんいるのに出会う機会がないのです。行っても、施設の人が一方的に話しかけてくれて、ずっとお客様でいるのが、逆に心地良くなったりします。こうなると、そもそもお友達をつくりに行ったのに、意味がないですよね。お客様にはなれるけれど、結局は孤立してしまいます。親子カフェに来る人は、1回きりの人もいますけれども、何回か顔を合わせる人がいたり、例え、1回しか会わなくても、その場でグッと仲良くなって、そこからメル友になったりもしています。日常に近いからこそ、メール交換や、お互いに写真を撮ることも生まれるのでしょう。単に集まるだけの施設では友達は生まれません。ほかの言い方をすれば、交流や関係性です。親子カフェでは、ランチや講座が終わった後も自然と関係が続きます。ただの交流とは違って、お互いに学びあって、深いところで話し合っているのが大きいと思います。

メニューにないことが本当の価値

「おやこカフェほっくる」へのアクセス

「おやこカフェほっくる」は、JR阿佐ヶ谷駅より徒歩3分の所にあります。周りにはビジネスホテル、飲食店、スーパー、駐輪場などがあって、駅周辺ですが落ち着いた雰囲気です。駅からルートは4通りあって、一番多く使われるのが駅の高架下のアーケードを通るルート。

駅からすぐに行けるのと、雨の日でも濡れずに行けるのが理由です。建物の外観は、27頁の写真のような感じです。下に立て看板が見えますね。一般的なお店と違って、のぼりや看板はつけていません。景観に配慮しているのと、建物自体がデザイナーズマンションなので外に看板ができないからですが、わざわざ看板をつけなくても、ちゃんとお客様はやってきてくれます。

初めて来る方は、看板がなかったので見つかりにくいとおっしゃることもあります。でも、2度目には迷わず来られるほど、道順は分かりやすいです。目立たないところも、お客様には気にいっていただいているようで、「隠れ家カフェみたい」「お母さんのための秘密基地」と言ってくださっています。エレベーターを上がると、お店の入り口になります。

マンションなので、部屋の中が見られません。開店当初は開けっ放しにしていたのですが、衛生的な配慮と安全を考えて、扉を閉めるようにしています。そこで、入口に部屋の中がわかるような写真を置いています。これなら、入る前も安心ですよね。中からお客様の笑い声や音楽が聞こえてくるのも安心材料になると思います。扉には、OPENとCLOSEの看板のほかに、貸切や満席のメッセージも貼っています。満席になることも多く、その際には、FACEBOOKで告知もして、扉にも満席の旨をお知らせしています。満席のメッセージを貼っていても、どうしてもランチをしたい方もいらっしゃったり、遠方からわざわざ来る方もいらっしゃいます。もし入れるようであれば、詰めあったり、相席にしたりで、なるべく場所を確保

「おやこカフェほっくる」への道

「おやこカフェほっくる」の看板

「おやこカフェほっくる」の入口

入口前にある写真。お店内部の様子を写真で伝えています

「おやこカフェほっくる」の玄関

玄関の上。靴を脱ぐことの案内と、本日のメニューがある

しています。どうしても無理な時は、店長によっては次回の割引チケットなどをお渡ししています。入ったら、靴を脱いであがっていただきます。これも、一般的なカフェとは違いますよね。靴を脱いであがるので、リラックスできるようです。お子さんの靴を脱がしたり、履かせたりの手間はありますが、他のお店と違って、ここは親子の居場所です。

店内の様子

お子さんたちもお母様たちも、急かされることもなく、靴を脱げています。子どもたちにとっては、靴の履き替えの練習になって、靴を下駄箱に置くことも学べます。下駄箱の上には、今日のメニューが載っています。こちらは、毎日店長が変えています。大部屋は30畳ほどあって、同時に15家族ほどが座れます。テーブルの横にあるクッションを自由に使って座るかたちです。

クッションをはじめから置いていないのは、お客様によってはクッションを並べて、赤ちゃんの下に敷いたり、自分の腰にあてたりと自由な使い方をされるからです。備え付けの椅子や固定された座椅子だと出来ないことですよね。部屋にはベビーベッドや玩具、本、チラシ、無料のサンプルなどが置いてあります。飾り付けはシンプルにしています。赤ちゃんとお母さんが静かにいられる場所にするために、色合いの刺激を抑えています。壁にはタペストリーや写真は貼っていますが、子ども向けのキャラクターやポスターなどは貼っていません。子ども向

内部の様子

ベビーベッド

けのポップもないです。子ども向けの大きな文字やキャラクター商品、ポスターがあると、一目で「この場所は子ども向け」と理解できるのは良い点ですが、逆に子ども専門すぎて、お母さんが居づらくなると思っています。それに、子ども向けのキャラクターやポスターは原色が多いので、色合いがうるさくなります。原色に囲まれた場所では、落ち着きませんよね。

そういうわけで、なるべく色は最低限にしています。この工夫で安心できる静かな空間ができて、赤ちゃんもお母さんもどちらの居場所でもあるというほかに、さらに二つのメリットがあります。一つは、レンタルスペースにしているので、あまりに子ども向けの色が濃すぎると、貸すときに借り手が限定されてしまいます。親子カフェのレンタルスペースの借り手は、保育園や幼稚園の方だけではなく、民生委員の方であったり、同窓会、一般の企業さんなど様々です。あんまり子ども色が強いと、借りてくれる人も子ども向けのお仕事の方に限定されてしまいます。そして、なにより、借りたい人のために、子ども向けのポスターやキャラクターをいちいち片づけるのは手間がかかります。片づける手間を考えたら、はじめから置かないほうが楽です。二つ目の理由としては、コストです。キャラクター商品、ポスターで囲むと、その購入にもお金がかかります。季節ごとに変えないといけませんし、ずっと見ていると飽きもやってきます。赤ちゃんもお母さんも、子ども向けキャラクターは、すでに幼稚園や保育園で見慣れていますよね。ですから、親子カフェでわざわざ貼る必要もないと思っています。

「おやこカフェほっくる」の掲示板。イベント情報がたくさんあります

水曜日の音楽イベントのチラシ

掲示板とカレンダーには、講座やイベントのお知らせが載っています。オシャレなカフェだと、黒板にメニューやイベント案内が載っていますよね。親子カフェでは、赤ちゃんにとってチョークの粉が良くないので、黒板ではなくホワイトボードにしています。当初は、ホワイトボードに書き込む形だったのですが、お子様たちが書き込みをするので、毎日修正するのが大変でした。そこから、店長のアイデアでチラシを吊り下げる形にしています。カレンダーを見て、気に入った講座やイベントがあったら、掲示板からチラシを持っていきます。今の時代、チラシは大量に撒かなければ効果はありません。しかし、このような形で、チラシの対象者とチラシを受け取る場所が近い場合だと、大量に撒かなくても効果が高いです。また、チラシの効果的なつくりかたも教えています。講座やイベントをしたいママ起業家や先生たちは、集客に困っていらっしゃいます。資格の学校では、資格取得のための訓練はしてくれるのですが、資格を活かして始めるまでの経営や集客のことは教えてくれません。「おやこカフェほっくる」で講座をする方に限り、チラシのつくりかたや集客の方法を教えてあげています。講座の先生が、ちゃんと継続的にお客様を呼べれば、本人も嬉しいですし、お客様もお店も嬉しいです。

フリードリンクと日替わりランチ

飲み物はフリードリンクになっています。一般的な親子向けの施設だと、子どもも親も飲み

フリードリンクエリア。ジュース、コーヒー、デカフェも飲み放題

クッキーも販売（スリーミー吉祥寺 http://sreamy.bitter.jp）

物は一杯ごとに加算されますから、飲み放題は驚かれる方も多いです。コップやカップを自由に使って、飲んでもらっています。こぼした時のために、布巾とティッシュも用意してあります。飲み物の横には、焼き菓子を置いてあります。杉並区を中心に焼き菓子をつくっている「スリーミー」さんのクッキーなので、お客様にもとても人気です。その場で召し上がったり、お土産に買われる方が多いですね。飲み物で言えば、デカフェ（カフェインなし）の飲み物も置いてあります。もちろん、フリードリンクの範囲内です。カフェインが入った飲み物だと、母乳の味が変わってしまうことを気にされるお客様がいらっしゃるので、デカフェも用意しています。また、ミルクをつくられる方には、お湯も無料でご提供しています。店長にお湯をくださいという方もいらっしゃれば、慣れた方だとカフェメーカーの「お湯ボタン」を押して、ミルクをつくっています。

ランチは日替わりになっています。ワンプレートになっていて、その日の店長次第で中身は変わっていきます。月曜日はマクロビランチ、火曜日は天然食材にこだわった家庭料理と、店長のスタイルにあった料理が出てきます。お子様向けのメニューは、大人向けのものを少なくしたプレートか、ミニカレーライスをご提供しています。

離乳食とアレルギーの方のみ、持ち込みＯＫです。離乳食は、ご家庭によって食べているメーカーが異なり、その全部に対応するのは難しいからです。アレルギーにも全て対応していく

マクロビランチ

家庭料理の日のランチ

のは大変ですので、事前にご連絡をいただいてから、持ち込みＯＫにしています。

オムツ替えスペース

オムツ替えのスペースは、お風呂場を改装しています。お風呂で言うと洗い場の部分で、オムツ替えをしていただいています。シャワーも隠したいのですが、恥ずかしながら、ずっとそのままになっていますね。基本的に、荷物置場にしていただいていますが、もし赤ちゃんが乗ったときにも大丈夫なように、浴槽の中には、布団をしきつめています。時折、無料でオムツを置いていたり、冬は寒いので、ヒーターを置いています。使用済みのオムツも捨てられるように、ゴミ箱もついています。

料金は時間制

お会計はお帰りの時にしています。まず、入店時にお店の料金をご説明します。基本的に、ランチとフリードリンク付きで１１００円で2時間制。2時間を超えた時は、30分毎に１００円の加算になっていきます。すごした時間ごとに加算されるのは、漫画喫茶と同じシステムですね。お母様たちはあまり漫画喫茶に行ったことのない方が多いので理解されるのに時間がかかるなと思っていました。

NO.1
Pampers
オムツ替えスペース

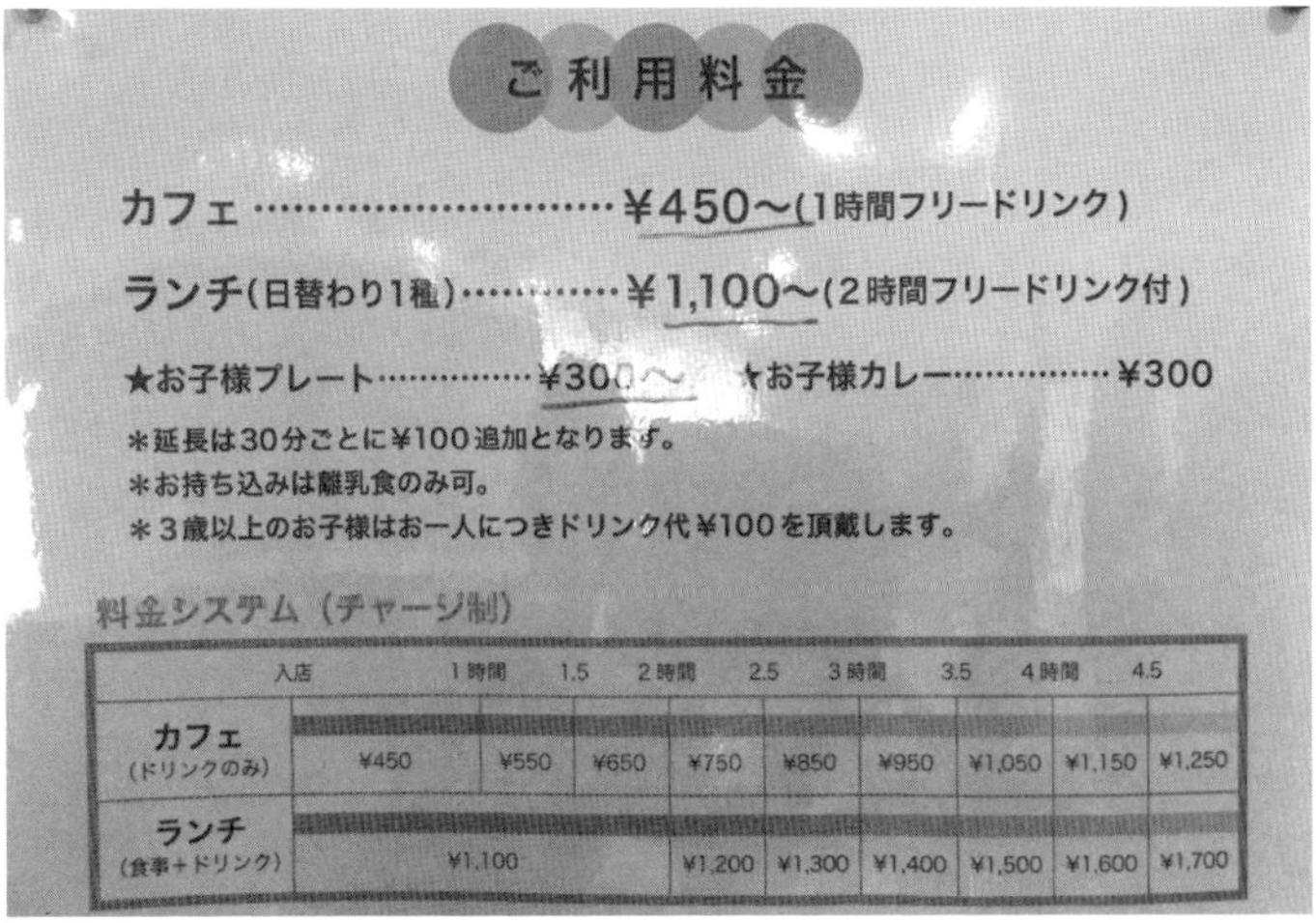
ご利用料金
カフェ……¥450〜(1時間フリードリンク)
ランチ(日替わり1種)……¥1,100〜(2時間フリードリンク付)
★お子様プレート……¥300〜
★お子様カレー……¥300
＊延長は30分ごとに¥100追加となります。
＊お持ち込みは離乳食のみ可。
＊3歳以上のお子様はお一人につきドリンク代¥100を頂戴します。
料金システム（チャージ制）
入店 1時間 1.5 2時間 2.5 3時間 3.5 4時間 4.5
カフェ（ドリンクのみ） ¥450 ¥550 ¥650 ¥750 ¥850 ¥950 ¥1,050 ¥1,150 ¥1,250
ランチ（食事＋ドリンク） ¥1,100 ¥1,200 ¥1,300 ¥1,400 ¥1,500 ¥1,600 ¥1,700
料金表

それに、長く過ごしたい方が多いのに、過ごした時間で加算となったら嫌がるのではと不安になっていましたが、結局のところ、漫画喫茶のような仕組みも、一度来たら覚えてくれました。過ごした時間によって加算される仕組みも、「ああ、そうなんだ」と気にされていません。おそらく、全体の料金が低かったからでしょう。そして、一度覚えると、次にいらっしゃった時に、一緒に来たお友達に説明してくれます。「この親子カフェは、こんな仕組みでこう使うんだよ」と伝えてくれますので、店長としては説明の手間が省けます。それに、教えているお母さんも嬉しそうです。先に来ているので、安心感や常連みたいな気持ちになるのでしょう。もし、「親子カフェ利用手引き」があったら、こういう形でお母さん同士が、教えあうということは起きなかったと思います。お母さんたちは、日頃からマニュアルや運営の合理化にしきられたお店で慣れてしまっています。「注文はこちら、受取はこちら」と人が流れていくのは運営側としては効率が良く、回転数も上げられるので嬉しいのでしょうが、来ているお客様としてはモノのように扱われるのは気分が悪いです。親子カフェは、人が中心となり、体験と感情が生まれる場所です。

ですから、お店に来た時、過ごしている時、お会計まで人が関わることは面倒かもしれませんが、普段とは異なる体験になります。こうした体験が特別感につながって、口コミをおこすキッカケをつくることが出来ます。

赤ちゃんがハイハイできるスペース

初めて会ってもお友達になれます

安心感と友人と学びが得られる場所

満席の時は、小さな机を出したり、相席になっていただいたり、奥の事務所に入っていただいたりと、限られたスペースの中で出来る限りの運営をしています。親子カフェは、子どもと一緒にランチをするだけでもなく、単に育児講座を受けられる場所でもなく、誰かに会えて、生きた情報を得られる場所です。隣のお母さんの育児を目の前で見られて、自分でもすぐに実践できる機会もあります。一緒に育つ感じがする場所ですよね。失敗しても、怒る人も指導する人もいません。お互いに学びあえる、楽しみをシェアできる文化があるので、お友達ができたり、安心感も生まれると思います。お母様もお子様も、安心できる場所が地域に出来るのはすごく良いですよね。

お客様の声をご紹介します。

「赤ちゃん連れでゆっくりできるカフェってなかなかないので、月4回は来ます。ママ友だちと待ち合わせすることもあれば、自分が興味のある講座があれば子連れで1人で参加することも。今日は大好きなパン屋さんのサンドイッチ教室なので子ども（1歳）連れで参加しました。」

「子どもを連れてリラックスできる場所は、ここと友だちの家くらい（笑）。月に何回か遊びに来ます。ランチを食べに来たり、友だちとお茶しに来たり。講座の情報はインターネットでチェックして申し込んでいます。」

「本当に安心できる場所です。ご飯を外で食べられるのが、なによりうれしいです。赤ちゃん連れだと、どうしても外にはいけなくて。ここに来ると、出会いがあるのは楽しいです。ママ友ができて、息子にもお友達ができて。」

「引っ越してから、ずっと独りで子育てをしていました。見知らぬ土地で、夫は夜遅く、子育ては私だけの仕事。いつも同じ公園にばかり通っていました。雨だと行けないのと、赤ちゃんだと遊具で遊べないので、ベンチに2人で座っているだけでした。

保健所や児童館は、新入りには行きづらくて1回で辞めちゃって。ほっくるは、はまりました。行くたびに新しい講座があって、今の私に必要なものばかりで、どんなリクエストにも答えてくれます。遠慮しなくても良い、親友の家のような気持になります。」

「育休で利用していました。ほんとうにお世話になりました！　助産師さんの講座やスリングの講座、紙芝居、音楽の生演奏、英語などなど、ほっくるの講座のほとんどは行っていたと思います。料金もママの財布にやさしく、本当にママのための場所と実感しています。会社に戻って、後輩に話したら、ちゃんと通ってくれているそうで。他の場所にも、ほっくるみたいな施設ができると良いので、ぜひつくってくださいね！」

「お店屋さんっぽくなくて、だからといって、親戚の家っぽくもない、丁度良い雰囲気などころが気に入っています。育児にはお金がかかって、なにか子どものためにしたいなと思っても、お金ばかりをとられてしまいますが、ほっくるは低料金で、安くても価値に見合う体験をさせてもらっています。私はマッサージがお気に入りです。初めて受けた後は、涙が止まりませんでした。癒されたのを感じたのと、子育てのことをちゃんと話せたのは初めてだったからです。出会えてよかったです。」

「混んでる時もすいてるときも、ほっくるは落ち着きます。混んでると、肩がぶつかるくらいでワイワイ食べていて、地元のお祭りにいった気分になって、周りのママにも話しかけやすいです。ほっくるのすごいところは、お友達をつくれるところだと思ってます。同じ病院で同じ日に生んだママとも、偶然再会できたり、娘と気が合うお友達もできて、輪が広がっていくのを感じます。すいてるときは、貸しきりになって、店員さんとおしゃべりして、子育てのことも聞きました。」

「いつも私たちのことを考えてくれているなと実感します。長居しても怒られないので、終日いるときもあって、行政の施設のような堅苦しさもなくて、営利目的のおしゃれカフェでもない絶妙な空間です。ほっくるの講座で体調が戻って、痩せて、新しくヨガも習い始めました。ついでに、ほっくるで出会ったママと、起業することにもなりました。女には女のヒミツの居場所があるのだとオットには伝えています。」

2

サードプレイスをつくるということ

「おやこカフェほっくる」のデータ公開

ママの来客には波がある

ほっくるをデータで表すと以下のようになります。

- 杉並区内の幼稚園、保育園、小学校を中心にママサークルや子ども向け教室などの利用。
- 月来客数350〜420人
- 区内からのお客様8割、区外からのお客様2割
- 常連様7割、新規様3割
- 1日店長制度&毎日講座

月平均にすると約400家族がいらっしゃってくれます。8割のお客様は杉並区内、近隣区の方で、あとの2割は杉並区の外にある区からいらっしゃいます。

これは、中央線阿佐ヶ谷駅が近く、駅から3分なので、遠くからも来られるのだと思います。区外からくる方は、「自分の住んでいる場所には、親子の居場所がない」「電車1本で来られるので、ラク」「親子向けイベントや講座に惹かれて」というのが主な理由のようです。これも親子カフェの特徴なのですが、ママの来客には波があります。飲食業、歯医者さんなどでは、「ニ

ッパチは人が来ない」と言われていて、寒い2月と暑い8月は集客に苦労する傾向があります。自分に置き換えてみても、すごく暑い日は出たくないですよね。ママは、赤ちゃんの外出準備もありますので、この傾向はなおさらです。また、雨の日もママは外には出ません。赤ちゃんにレインコートを着せたり、自分も傘をさして、ベビーカーを押すのは大変ですから。風邪が流行っている時期、学校や幼稚園、保育園の行事が多い時期も、ママたちの客足は少なくなります。ふつうのカフェだと、風邪や行事は関係ないですが、ママがメインのカフェではすごく大事なことです。つまり、親子カフェはニッパチ以外にも、人が来ない時期があるのです。ということは、運営する側は、人が来ない時期を見越した集客方法が必要になります。この来客の波をうまく理解すると、運営も安定しますし、ママにとっても来やすい場所になっていきます。

開かれた親子の居場所

集まるママの7割は常連さんです。「常連7、新規3」の割合は、飲食店でも使われる割合で、運営するうえで理想的な数字だそうです。常連さんと新規さんの割合ですが、これはカフェのスタイルにもよってきます。あとで考えていただきますが、カフェのスタイルとして、「誰でも来られる場所」にするのか、「限定された方のみが来られる場所」にするかを決めなくてはなりません。一言で言えば、オープン制と会員制のことです。それぞれにメリット、デメリットがあって、お客様の集め方、カフェのブランドにも影響が出てきます。ほっくるは、オープン制にしています。

親子カフェというのは、コミュニティカフェとカフェの間に位置していると思います。コミュニティカフェは、地域(コミュニティ)に密着して、特定の目的に沿って運営しているカフェです。目的に沿って運営するというのは、「シニアの居場所をつくりたい」「認知症の方が集まる場所にしたい」など、地域にとって大事だなと思うコンセプトをメインにすることです。お客様がかなり絞られるので、運営も限定された形になっています。一方のカフェは、営利を目的としているので、運営は安定します（本来であれば、カフェというのは地域の居場所なので、コミュニティカフェやカフェの違いはないのかもしれませんが、今回は便宜上、「経営」という観点から分けさせてもらいました）。

以前、カフェの専門家からお話を伺ったところ、親子カフェは「コンセプトカフェ」に位置するそうです。駅前にあって、ちょっと寛いだり、打ち合わせをするようなカフェ、こだわりのある専門カフェ、昼と夜でメニューが変わるカフェ、そして中身（コンセプト）が目立つカフェです。猫と一緒にすごせるネコカフェや、メイドさんがお迎えしてくれるメイド喫茶も、コンセプトカフェです。最近では、子どもの時に遊んだ懐かしい玩具を置いてある玩具カフェや、鉄道やバンドのファンだけが集まるカフェも出来ているそうです。「たいていのコンセプトカフェは、お迎えしてくれる人やモノ（ネコカフェならネコ、玩具カフェなら玩具）を中心にして、お客様を集めているのだけど、親子の居場所という文化でカフェをするのは珍しい」と教えてくださいました。「育児」をウリにしたり、「ママ友づくり」を中心にした居場所づくりもできるのでしょうが、どちらも不十分な気がしています。お母さんという生き方は、育児だけを求めているわけではないですし、お友達だけを目的に場所に集まることはありません。利用を限定してしまうのは、お母さんの生き方、女性の生き方を狭めてしまうように思えます。ですから、私たちの親子カフェでは、使い方を限定してはいません。

ワンストップ、サードプレイス

今は、こうして本を書いたり、ノウハウを講演で話せるほど、運営もできていますが、いきなり安定したわけではありません。実は、場所が決まってから、開店まで1ヵ月半しかなかったのです。じっくり時間をかけて、つくったわけではありません。カフェをつくるまでに、友人や地域の方のチカラを総動員でつくり、なんとかオープンに間に合わせました。開店当時は、51頁の写真のとおり、モノもなくてサービスも充実してはいません。それでも、お客様が来るから居場所の機能は備わりましたが、経営的にはたくさん失敗もしてきました。

失敗を重ねながら、日々運営できたのは、母体のNPOがあったのも理由ですが、親子の居場所について明確な目標があったからです。今では、その目標は達成できて、「おやこカフェほっくる」のブランドになっています。親子の集う施設やカフェはありますが、他と大きく違うのは二つです。一つは、ワンストップ。ランチ、安心してゆっくり出来る空間、お友達づくり、生活の知恵、育児情報、保育サービス、起業&副業などなど、ママと子どもに必要な全てのことが、1度に手に入る居場所にしています。これは開業当初からずっと目標にしてきました。

ママの毎日は本当に忙しいです。情報や体験を得るために、複数の施設に行く時間や体力の余裕はありません。赤ちゃんと一緒なら、なおさらですよね。行政は、ママ向けに情報や講座を提供していますが、ママはいちいち公共施設に行って、受講しなくてはいけませんし、たいてい、イベント形式なので、その日限りです。いつでも相談できたり、体験できる体制は整えられていません。役所の中に親子スペースができているところもありますが、ママが必要な情報や体験って、公的なものだけではないですよね。「どこの保育園が良いのか」「どんな哺乳瓶が良いのか」など、具体的な生活に密着したことは行政としては答えにくいのです。あちこち行かなくても、1度にどんなことでも聞けたり、気がねなく誰かとお友達になれる場所は時間の節約にもなりますし、ママにとってはラクなのです。

もう一つは、サードプレイスです。社会学の考え方で、人間は社会で生活すると幾つかの居

［営業初日］フリードリンクはまだ何も揃っていません

［営業初日］コーヒー用テーブル、断熱カーテン、本棚もありません

場所を持っていくそうです。ファーストプレイスは「住まい」、セカンドプレイスは「学校、会社など」です。サードプレイスは、それぞれの生き方によって変わってきますが、「部活」「趣味のサークル」「ジム」「友人の家」などで、サードプレイスを持っていると、より深く社会にも関われるうえ、心の拠り所にもなると言われています。親子カフェは、ママにとってサードプレイスであるべきです。ママと子どもの第3の居場所として、ママと子どもが健やかに楽しめる場所であり、女の隠れ家、家の外でも家みたいにノンビリできる場所、自分がやりたい事を実践できる場所、自由に友人をつくれる場所としてお役に立っています。「ママの隠れ家」というのは、お店に来ているママの声です。「男の隠れ家」なんて言葉はありますけど、「女の隠れ家」はエステやマッサージなど美容系ばかりですよね。趣味であったり、のんびりできる場所があっても良いハズです。お店にくるママたちは、それぞれ自分のスタイルの使い方をしています。自分にとってのサードプレイスをつくっているような形です。ある方は講座を中心にいらっしゃっていますし、ある方はランチや他のママとのおしゃべりを楽しみにしています。人のつながりが生まれて、集まる人によって形や楽しみ方が生まれていき、地域の中で人と人をつなげる中継地になっていくイメージです。他のママと自由に気兼ねなくお話できるのも、親子カフェの大事なポイントです。

　ワンストップでママと赤ちゃんが欲しい情報や体験を得られるサードプレイスでもあり、他にも、「育児不安の軽減」「虐待予防」「女性のキャリアアップ」「ママの力を表現できる場所」「地域のつながりづくり」と隠れた効果があります。研究でも、人とのつながりは、精神と身体に良い影響があるとわかっています。地域の中につながりがあるほど、失業率、犯罪率が低い、出生率等が高いなどの相関関係が出ています。日本は先進国の中で寿命の長さは首位ですが、しかし地域内に信頼できる人がいる率は平均ほどです。北欧の国は、信頼できる人は6割、なおかつ寿命も長いです。東欧は信頼できない人が多く、寿命は短いです。地域の中で他者を信頼できることを、ソーシャルキャピタル（社会的資本）と呼びます。つながりのあることが資本というわけです。つながりがあり、信頼が互いにある地域は、健康によいライフスタイルの人が多くなり、周りの人のライフスタイルに影響をあたえます。

親子カフェは、食べて帰るだけの場所ではありません。そして、ここがポイントで

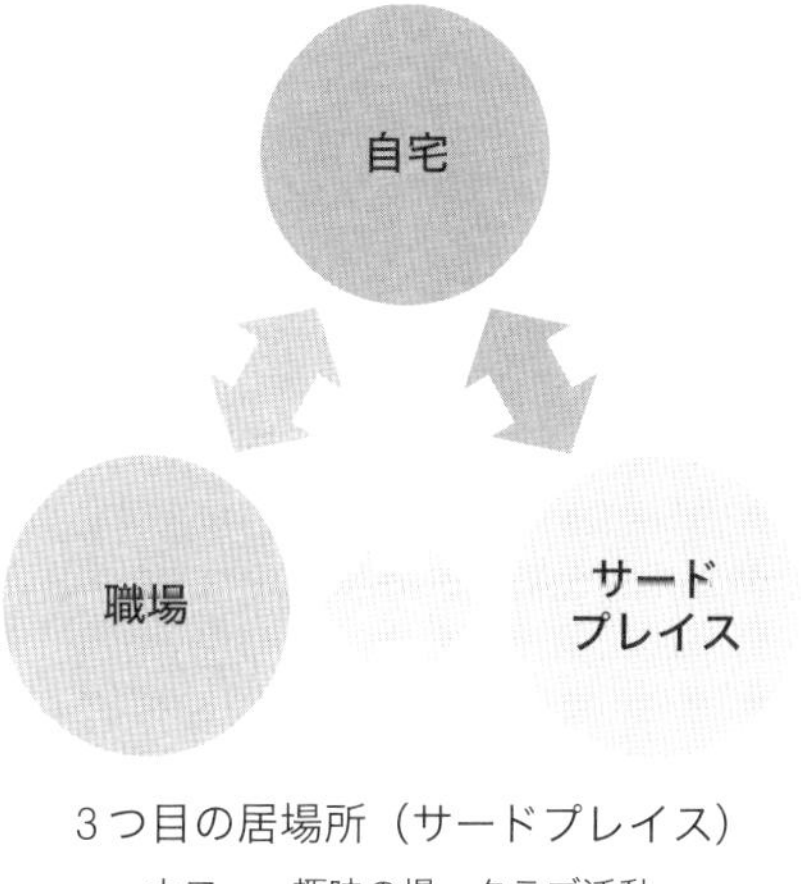

3つ目の居場所（サードプレイス）

カフェ・趣味の場・クラブ活動
公園・リラックスできる場所など

もあります。親子カフェは飲食店ではありません。飲食を提供する場所なのは間違いないのですが、他にも親子にとって役に立つ場所である必要があります。「飲食店」ではないことを考えると、お店づくりにも幅が出てきます。

家の外にも、居場所が見つかると安心できます。サードプレイスという社会学的な理由だけではなく、安心できる場所が複数あると落ち着きませんか。自分らしくいられる場所、素になってもよい場所、心から話せる場所。これが、自宅以外にもあると、安心の材料が増えていきますよね。あるお母さんは、「街に馴染みの店が出来た」と喜んでいました。馴染みの店があると自慢したくなってくるし、街を歩いていて、この場所に私の好きな場所があると思えるのは、嬉しいことです。明かりがついていると、ママたちが楽しんでいるんだなと自分のことのように嬉しく思うそうです。

居場所づくりがゴールではない

全てのお母さんが対象

親子カフェは、ただのカフェではなくて、お客様の日常の一部になることがゴールです。お客様を惹きつけて、モノやサービスを売るのは一般的な企業です。親子カフェは、お客様と接しながら、自発的に自分で考えられる場所と機会を一緒につくっています。もちろん、安心できる場所や楽しめる講座もつくりながらです。こういった雰囲気づくりや文化をポスターにしたり、看板にはしていません。あくまで、お店に流れる空気のような形です。「行動で示す」という言葉がありますが、私たちは行動で示すのではなく、表現しています。ママたちも表現することが許されている場所でもあります。すこし難しい話かもしれませんが、私たちは支援という言葉が苦手です。支援というのは、「助ける人」と「助けられる人」という間柄に分かれてしまうように感じます。もちろん、支援というのは大事なことなので、言葉のイメージだけだと思います。そして、子育て支援というと、ママたちは支援される側になってしまいます。これでは、ママも赤ちゃんも主役というよりも、受ける一方のような立場に思えるのです。助ける人が一方的にサービスを提供すると、助けられる人、助けられる立場をつくってしまいます。ずっと、支援を提供しづけていたら、ママたちは助かるかもしれませんが、自分のチカラを出し切れないように思います。サービスを一方的に提供するよりも、ママたちが自由に気持ちや求めることを表すことができて、一緒に居場所をつくっていける機会をつくれたら、もっと良い関係が生まれると思います。情報やサービスを提供するだけではなくて、ママと子どもたちが自由に安心して自分らしく動ける文化をつくっていくのです。

「おやこカフェほっくる」の母体となるＮＰＯ法人は、シングルママのサポートをしている団体です。だからといって、シングルママ支援を前面に出した居場所だと、シングルママ以外のママは入りにくいと思います。「おやこカフェほっくる」は、全てのお母さんを対象にした居場所になっています。

店がやりたいこととお客様が望むこと

この「全てのお母さんを対象」というのは、ずっと前からやりたかったことです。やりたかったことがかなうと、モチベーションもあがりますし、継続する意識も強まります。でも、やりたいことだけでは、居場所は続きません。お客様が望んでいることとマッチしなかったら、訪れる人は少ないからです。一方で、お客様が望んでいることだけをかなえる場所も続きません。望んでいることは無限にあります。望んでいる人たちも、数えきれないくらいです。すべてに対応していては、身体もお金も持ちませんよね。なにより、叶えているばかりでは、運営側もつまらなくなってしまいます。「おやこカフェほっくる」では、お客様が望んでいることをできるだけ叶えています。同時に、お店側としてやりたいことも、叶えています。オープンにしていることもあれば、人知れず行っていることもあります。例えば、「お客様はお客様ではなくて、一緒につくっている仲間」という雰囲気は、こちらが望んでいることです。こぼしたら、自分で拭いてもらったり、食べ終わったら食器を片づけることは自然発生的に生まれて、今は文化になっていて、とても嬉しく思っています。お母さんが持つチカラを引き出したいと思っているので、起業をしたい方が相談にやってくるのも嬉しいことです。シングルママのサポートのことで言えば、保育園が決まらなかった方や緊急の時には、親子カフェで雇用できるようにしています。親子カフェであれば、ママも赤ちゃんと一緒に働けますし、お仕事の基本はすべて学べるので一石二鳥です。寄贈していただく子ども用の服やママ向けの服の倉庫と分別の場所としても、親子カフェは機能しています。これらは、親子カフェのメニューには公表しているわけではありません。運営している側として、やってみたかったことです。本棚にある本も、育児の参考書より、育児マンガが多いです。これは、運営者がマンガが好きだからです。運営側として、「私のやりたいこと」が、来る人にピッタリと合うならば良いですが、合わなければ、お客にはならないです。

「私のやりたいこと」「お客様がやってほしいこと」この二つのちょうど良いバランスを取るのが大切です。正直言って、配分はわかりません。お客様がやってほしいことの方が、やや配分は多めに感じていますが。

ニーズとウォンツ

この、お客様が望んでいることも、実は二つあります。ニーズとウォンツです。ニーズは必要最低限のもの。ご飯がある、お水がある。椅子がある、駅から近い、安全が確保されているなどです。ウォンツは、お客様が望んでいるけど、あんまりないなと半ば諦めていたり、気づいていないこと。想像を超えるようなものを提供すれば、すごく喜ばれるでしょう。例えば、オムツ替えのスペースです。オムツ替えスペースは、最近増えていますが、たいていトイレに併設されていて、オムツを捨ててはいけないところが多いです。特に飲食店にあるオムツ替えスペースは、とても狭く、オムツも捨てられません。快適なオムツ替えスペースが欲しいなと思っていても、実際はあまりないので、現状で我慢しています。そんな現状で、快適なオムツ替えスペースがあったらどうでしょう。喜ぶ顔が浮かびますよね。さらに、オムツ替えのスペースに置いたオムツ専用のゴミ箱は、ママたちの想像を超えていたようです。どこの場所もオムツを捨ててはいけないので、ビニールに来るんで自宅まで持って帰っています。

使用済みのオムツは重い上に、破けることもありますから、持って帰るのはストレスが溜まります。そんな時に、自由に捨てて良い場所があるのは、本当にありがたいですよね。実は、私たちとしては、こんなに喜ばれるとは思っていませんでした。オムツ替えスペースなのだから、捨てる場所くらいつけなきゃと思って軽い気持ちで設置しただけです。しかし、ママたちは大変喜ばれて、「本当に捨てて良いんですか⁉︎」と確認したり、ネットの口コミで「おやこカフェほっくるは、オムツを替えて捨てられます。しかも、たまにオムツを無料で配ってくれます！」と喜びの声を書かれている方もいらっしゃいました。きっと、ママたちの想像を大きく超えたのでしょう。

このウォンツは、取り替えたり、付け加えるものと考えてください。いつも固定してあるものと、必要に応じて加わる感じです。むしろ、この取り替えのタイミングは、お客さまの声や時代の流れです。ウォンツが固定化されないことは、「飽き」の軽減にもなります。親子カフェで言えば、おむつ用のゴミ箱は、ウォンツです。すでに固定化されてきて、お客様には当たり前になってきました。おそらく、これからつくられる親子の居場所には、おむつ用のゴミ箱は、最低限ないとダメなものになるでしょう。雨の日割引や、お野菜の路上販売はウォンツです。必須ではないサービスですが、あると嬉しいです。ただし、このウォンツは、どこまでいっても、お店と関係あるものでないといけません。目を引くために、ウォンツばかりを求めるのではなく、あくまでニーズ（最低限必要なもの）を満たしてから、つくっていく

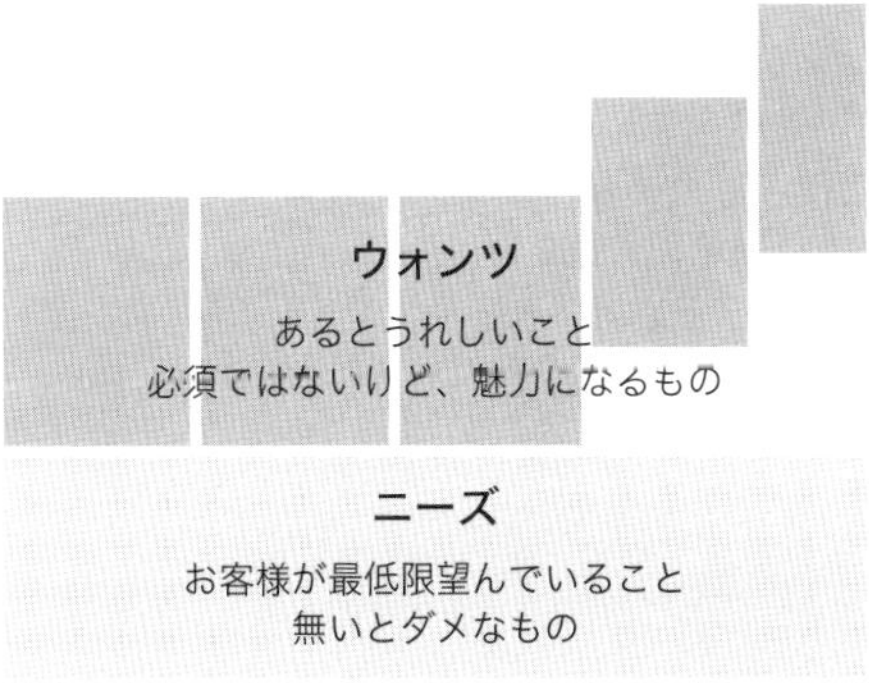
ウォンツ
あるとうれしいこと
必須ではないけど、魅力になるもの
ニーズ
お客様が最低限望んでいること
無いとダメなもの
ニーズとウォンツ

べきです。居場所ならば、お客様のニーズとウォンツの両方を満たすと、満足度が高まります。ウォンツは見えにくいのですが、お客様との関係性の中で見えてくることが多いです。オムツ替えスペース以外にも驚かれたサービスは、こんな感じです。

●お湯の飲み放題（ミルクをつくるときにお湯がいるので）
●離乳食の持ち込みＯＫ、
●寝ても良い（普通のカフェでは横になれない。夜泣きが酷くて寝られない方が、眠りにくることもある）
●着替え完備、着替えＯＫ（おもらしした時などの着替えもトイレではなく、部屋で出来る。着替えの服も無料で提供。ただし、選べない）
●子連れマッサージ
●専門家の相談（誰に頼んで良いのか分からないとき、弁護士などを紹介）
●下着など無料提供（母乳パッドや、下着が汚れたときのために）

どれも、お母さんたちが望んでいることだったので、すごく喜ばれました。この喜びが、私たち運営側にとっては活力にもなり、気づきにもなります。普通は、お店側は提供する一方なのですが、お客様から教えてもらうことも多いので、お互い様の間柄になっていきます。

3

売っているのは、ランチではなく「体験」

「体験」が生まれるランチと講座

「おやこカフェほっくる」の一週間のスケジュールは、以下のような形です。

月曜日　マクロビランチの日
火曜日　自然食を中心とした家庭料理の日
水曜日　音楽の日
木曜日　英語教室の日
金曜日　マクロビランチの日
土曜日と日曜日はレンタルスペースになっています。

平日は、それぞれ日替わりで店長が変わっていき、毎日行う講座やイベントも異なります。代表的な講座やイベントは次の表のようなものです。講座はすべてママからのリクエストに応えたものだったり、講座をしたい起業家ママに場所を提供する形です。親子カフェから、「ママにはこれが必要な講座です」と提案したことはありません。

基本的に朝は運動が多く、お昼はランチと講座になっています。それぞれの曜日の店長と、主な講座の先生からお話を聞いてみました。

「おやこカフェほっくる」の代表的なイベント

- 赤ちゃん向け講座（ベビーダンス、ベビーサイン、ベビーマッサージなど）
- 運動講座（ヨガ、ストレッチ、骨盤ケアなど）
- 育児講座（おっぱい講座、離乳食選び、抱っこひも、夜泣きなど）
- ママ向け講座（しつけ、パートナーシップ、保育園選びなど）
- 起業講座（はじめての起業、起業後の経営方法、告知のやり方など）
- 家計講座（家計簿のつけ方、保険や相続の相談など）
- 写真イベント（親子、子どもの誕生日、妊婦ヌード、授乳姿など）
- 季節のイベント（バレンタインケーキづくり、節分、お雛祭りなど）
- フリーマーケット
- 合同お誕生日会
- マッサージ、エステ（ママ向け）
- 料理教室（薬膳料理、子どもも食べられる野菜スープ講座、夕飯講座）
- 民生委員さんの子育て講座
- 洋服交換会
- 演劇鑑賞
- 親子で楽しむクラシック
- お泊り会
- 劇団どろんこ座の「とつげき紙芝居」　など

紙芝居の日。月に1度「劇団どろんこ座」が紙芝居をしてくれます

フリーマーケット。大人気の企画です。部屋中が熱気でいっぱいに

リトミック

ベビーヨガレッチ

●音楽の日　担当

「赤ちゃんにも、ママにも、生の弦楽器の響きを体感してほしい！」という想いからはじめて、もう3年目を迎えました。演奏するだけではなく、読み聞かせや、実際にヴァイオリンに触ってもらう体験もコンテンツにいれています。音楽をスピーカーからしか聞いたことのない人が多い中、こうした生の音は、お母さんにも赤ちゃんにも大事なのではと思っています。お母さんからのお声をいただきました。

「実は、前回来た時はこの子のイヤイヤ期まっさかりで、私もこの子もとても疲れていて、暗い気持ちの時期だったのですが、音楽の日のコンサートで久しぶりに笑顔が見られました！　この日をきっかけに、親子の関係もどんどん良くなったんです。感謝しています」

私もその時のことをよく覚えていて、最初は静かにランチを食べていて、他の子がヴァイオリン体験をするのを横目で見ているだけでした。

そのお子さんのヴァイオリン体験の時に、二人羽織のように一緒になって、童謡を弾いたら、パーッとカワイイ笑顔になったのです。その様子を近くで見ていたママは嬉しそうに涙を浮かべていました。当時は、お2人がそんな大変な時期とは知らず、私としてはいつも通りにやっていたのですが、暗い気持ちを変えたのは、音楽の力、生の音の力だなぁと実感しました。
「教育的な理由で生演奏を聴かせて」というよりは、お母さん自身が楽しみにしてくださっているように感じます。子どもたちは「楽しいところだけ聴こうっと」という感じなので、泣き出す子がいません。その信頼感というか、距離感が、お互いにのびのびと聴ける環境をつくっているような印象を受けます。私は、ママがゆったり聴けて、子どもたちの興味を引くような演奏をすれば良いのですが、コンサートホールで弾くよりも難しいです。プロのための演奏、子どものための演奏の違いはありません。楽しさの伝え方や雰囲気づくりが大事だと思います。どういうコンサートが子どもの感性、お母さんの感性に響くのかが、少しずつ分かってきました。これからも、地域にフィットした親子向けの演奏を続け、生の音を届けていきたいです。

田島華乃　プロヴァイオリニスト　音乃家代表
https://otonoya.jimdo.com/

音楽館の様子

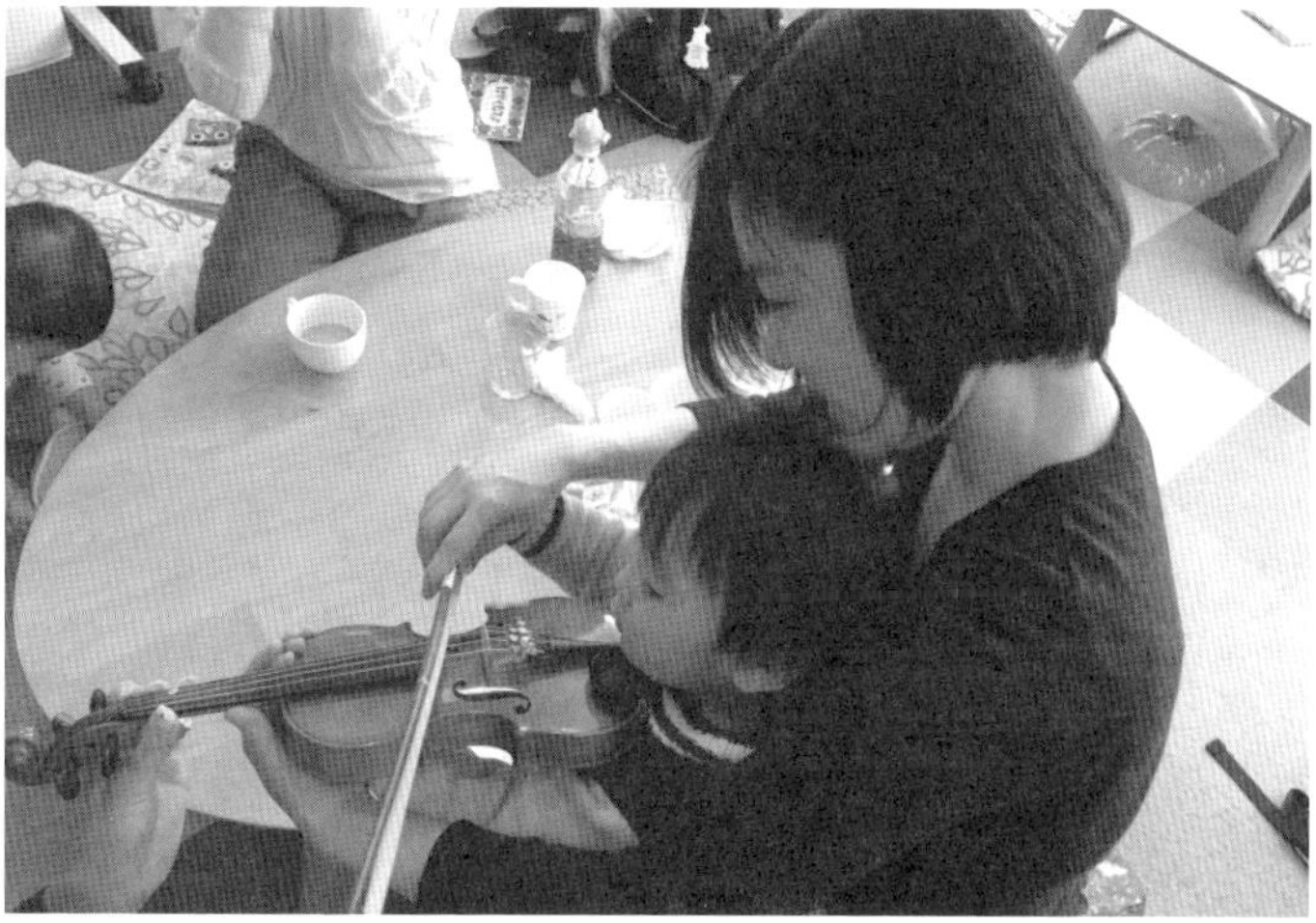

小さなバイオリンを一緒に弾けます

●マクロビの日　担当

店長は、１人で仕入れ、仕込み、配膳や片付けを任されます。担当の日を、自分でプロデュースし、自分のカラーで演出し、「自分のお店」を持つのと同じ気持ちでつくっていきます。将来、自分のお店を開きたいと考えているので、とても勉強になっています。飲食店には、料理の質と同じぐらい時間と空間が求められます。親子カフェは、毎日子育てに忙しいお母さんたちがゆっくりと安心していられる空間であり、同時に料理に対しても意識は高い方だと思います。料理と空間どちらも質の高いものを提供する必要がある厳しい現場です。プロとして、気持ちが引き締まるとともに、お客様と交わりのできる空間なので、顔なじみができたり、お母さん同士のつながりを手助けできることは、人と人のつながり、新しいコミュニティも生まれるようで、大きな魅力を感じています。マクロビオティックで調理しているため、植物性だけのランチを初めて食べるお客様もいらっしゃいます。「子どもがいつもは野菜を全然食べないのに、今日はぺろっと食べてしまいました！」と言われた時は、料理の道に進んで良かったと心から思います。お母さんのおっぱいを私の料理がつくっていると思うと、責任感と喜びをすごく感じます。

マクロビランチ①

マクロビランチ②

●英語の日　担当

英語教室を開催して3年がたとうとしております。ママと子どもが集まるという前提の場所なのでお客様の中に安心感があります。特に小さいお子様をお連れのお母様はただでさえ外出が大変なので、外出先があまりなじみのない場所、こどもを連れてよく行く場所でないところに行くことは不安がある場合があります。その点、親子カフェでの開催はお客様が気軽に来られます。自分自身も実感していますが、親子にとって安心な場所が地域にあるのは、子育て中の母親にとって何よりもありがたいことです。新米ママが居場所として英語の日を選び、そこから地域での友達の輪を広げていくのをみることはすごく嬉しいです。2人目、3人目のご出産を終えて、ご兄弟でクラスに通う方々も多くいらっしゃいます。何年にも渡って、顔馴染みがあるお母様たちとお子様の成長にかかわれることは大きな喜びです。私自身も、地域の中で広がりのある活動をできるようになってきました。そんな親子の場所を使うものとして、責任感や強いオーナーシップも生まれています。

今井千夏　ファーストイングリッシュ主宰

http://ameblo.jp/englishlove-in-tokyo/

英語教室

生徒数もたくさん増えました

●「産後ママのための骨盤ストレッチ」　担当

私自身も子育てをしている当事者であり、初めは娘を連れてレッスンをしていました。子連れでも講師ができる場所は、本当に貴重です。レッスン後には、参加者の皆さんとランチを一緒に食べると、私も子育て仲間に入れて、色々な話ができます。レッスンだけではなく、ひとりの母親としても親子カフェに出会えたことは幸運だと思っています。出産後は、骨盤の歪みや、体調不良などを気にされる方が多いです。産後は骨盤を閉めることばかりに意識がいきがちですので、きちんとしたカラダの使い方や抱っこのポイントを学べる機会がやはり必要だと感じました。私自身も自分のレッスン内容に自信を持てるようになり、実際の産後ママのニーズを的確にひろい、そこに合わせたアプローチができるようになりました。それにより、体調の変化やカラダの痛みの改善につながったというご感想をいただけるようになったり、定期的に開催を続けたことにより、認知度も上がり、お客様も定着するようになってきたと思います。

佐野愛子　ＮＰＯ法人彩結び（いろむすび）共同代表

http://www.iromusubi.com/support/

ベビーマッサージ

骨盤ストレッチ

● 家庭料理の日　担当

私は、30年以上専業主婦で、姑の介護も終わったので、店長をやらせていただくことになりました。働く機会と喜びを与えてくださり、ありがとうございます。お料理が好きで、人に食べて貰うのが好きなので、ほっくるで、大勢のお客様に自分がつくるものを召し上がっていただいて、嬉しいです。「美味しかったから、また来ます」「今日はのんびりできて、来て良かった」「1人でやっているのですか？　魔法使いみたいですね」など、お客様から、お褒めのお言葉や、喜びのお言葉をいただきます。お帰りの時は、「ありがとうございました」と仰ってくださいます。ほっくるのお客様は、皆さん優しい方だと思います。お客様と年齢が近い娘がおりますので、娘や孫が実家に帰って来た時にしてあげたいと思うことを、お客様にもさせていただくように、心掛けています。エレベーターまで、お見送りさせていただいて、「気を付けてお帰りください」と申し上げますと、嬉しそうにしてくださいます。子育てをしていて、ずっと子どもと一緒だと、イライラする時も、落ち込む時もあります。そんな時、人から優しくされたり、声を掛けて貰ったり、ちょっとしたことで、また頑張ろうと思えるのではないでしょうか。微力ですが、そんなお手伝いができたらと思います。

ランチは、メニューも材料も任せていただいているので、メニューを考えるのは楽しいですし、自由にやらせていただけるので、やり甲斐があります。材料は、無農薬のお米や米粉、岩塩、甜菜糖など、価格が高い物を使わせていただいておりますが、自分が納得した物がつくれるので、ありがたいと思います。家族からは、料理の手際が良くなって、凄く速くなったと褒められました。人から褒められたり、お礼を言われると、自分の価値を認められて、嬉しいですし、相手が喜んでくれると、嬉しさが倍増します。嬉しいことがあると、毎日が楽しくなります。楽しいので、自分でも、明るくなったと思います。ほっくるは、生き甲斐です。ありがとうございます。

家庭料理の日ランチ

「レシピを教えてほしい」とよく言われます

●トリートメントサロン　担当

今年で4年目になります。自分が妊娠、出産、子育てを経て、妊娠中でも気軽に来れる、出産した後も子どもと一緒に来れる場所をずっと探していましたが、なかなかありませんでした。街中にあるエステや、リラクゼーションサロンは女性限定ではあっても、子連れNG、マタニティさんお断りがほとんどで、私が以前エステで働いていたところも、女性限定ではあったものの、小さいお子さんがいても来れる場所ではありませんでした。独立したら、気軽に子連れでも来れる場所をつくりたいと思っており、今回はっくるさんで「ママが綺麗になれるサロン」（ママサロン）を営業することができました。現在、お客様の9割以上がお子様連れです。2ヶ月〜6歳まで年齢も様々です。普段の育児や家事、お仕事でのお疲れの症状をお持ちで定期的にいらしてくださっている方がほとんどです。自分も育児と仕事で体験中ですが、育児をしていると自分の時間がまず取れません。ですので、自分の身体はさておきになってしまいがちです。そんなママたちのために少しでもリラックスした時間、この時だけは自分のための時間を取ってもらいたく、様々なメニューもご用意しています。

私が嬉しいと思うのは、ご来店した時のお顔と施術が終わった後のお顔つきが変わることです。初めてのご来店のお客様は特に、初めての場所、初めての人に緊張もあり、それに加えて日々の疲労感たっぷりのお顔でいらっしゃいます。ですが、施術が終わるとお顔色も1トーン上がり、笑顔で「気持ちよかったです。スッキリしました！」とおっしゃっていただきます。ママの表情が変わり、笑顔が出ると私も嬉しく思います。また、「子どもと一緒にトリートメントが受けられるのは本当に嬉しい」「身体が軽くなって、また育児を頑張れそう」「毎月、この日のために日々頑張れます」「頭がスッキリして気持ちも軽くなった感じです」と嬉しいお言葉をいただいています。赤ちゃんが小さいうちは家にこもりがちです。オムツ替え、授乳、寝かしつけなどであっという間に1日が終わりがちで、気付いたら誰とも喋っていないということが多い人もいます。そうなると孤独感、社会から離れたような感覚にも陥りやすいですし、子育てに不安になりやすいママもいらっしゃいます。育児ノイローゼになってしまうママもいます。お客様の中でも育児や家庭にお悩みの方がいらっしゃいましたが、やはり大人の誰かと会って、話してスッキリするのは大切だと感じました。サロンで私の施術を受けながら育児の悩みや自分の悩みを話していかれる方は、施術が終わった後はやっぱりスッキリなお顔になって帰られます。少しでもママたちのお役に立てると思うとそれも嬉しく思います。他の店舗などのサロンですと、中がどんな様子かわからない、どんな人がいるのかわからない、子どもも預けないといけないなど、行きにくいということもあるかと思います。その点、親子カフェは、赤ちゃんや小さなお子さんが一緒でも安心安全な場所。危ないものがない場所というのもママたちにとっては安心ポイントだと思います。サロンにいらっしゃるママたちの中には、先にカフェスペースでランチをしてから受けにくる方もいらっしゃいますし、施術を受けてからランチも食べて帰られる方もいらっしゃいます。施術でリラックスしたお身体で、ランチもいただきながら、ゆったりと過ごすこともでき、子どもにご飯もあげられ、オムツ替えも授乳も他の方を気にすることなくできる場所。ママが赤ちゃんと1日外にいても家にいるような感覚のほっくるはママにとって大切な場所だと思います。私は、どんな方も自分の身体を大切にしながら育児を楽しんでもらい、たくさんのママたちが自分ケアができるようにお手伝いできたらと思っています。それが当たり前のことになったら一番いいなと思います。

小林知佐子

http://www.kupu-kupu-salon.com/

ママサロンの看板

たくさんの方が癒されています

雰囲気づくりはブランドづくり

押しつけの体験はダメ

親子カフェは、飲食店ではないことはカフェづくりにも反映してきます。むしろ、ここに親子カフェとしての強みが発揮されると言っても良いです。すこし、比較してみましょう。

● 飲食店として商売→プロの飲食店には勝てない
● 娯楽で商売→お金を掛けた店には勝てない
● イベントで商売→レンタルスペースに勝てない／イベントだけを主にするとレンタルスペース業になってしまう

飲食業界は厳しいです。美味しいお店は人気店となり、新しいお店はドンドン生まれます。ライバルは多数です。飲食店として親子カフェを経営していたら、そんなライバルたちとも戦わなくてはなりません。少しでもお客様を呼ぼうと思って、玩具やママが好きそうなインテリアを増やしてみます。少しは効果があるかもしれませんが、もっとお金をかけて良い玩具があるお店にはかないません。親子が集まるイベントだけを主にしていると、居場所ではなく、レンタルスペースとして認知されます。これでは公民館と変わりませんよね。親子カフェは、体験をママと子どもに提供できる場所です。飲食、情報、体験、交流のすべてを提供して、はじめて地域に親子カフェとして受け入れられます。ここで言う体験とは、ママと子どもにとって、

- 自分が輝く体験
- 子育てがラクになる体験
- お友達が出来る体験
- 新しい情報や機会を得た体験

となります。親子カフェは「時間」や「ランチ」を提供しているのではなく、「子どもと自分の人生の一部を自分自身のチカラで豊かに出来る！そんな場所に参加した体験」を提供しているのです。

この体験を売っているビジネスで成功しているのは、ディズニーランドやスターバックスでしょう。ディズニーランドは、イベントや遊具が楽しいだけではなく、「魔法の国に行った」という体験を売りにしています。だからこそ、ランドにいる従業員はキャストと呼ばれ、魔法を演出する一員としてお客様にも接しています。日本ではそうでもないのですが、海外のスターバックスは「上質なカフェ体験」を売りにしていました。温かいコーヒーと上質な香り、そしてリラックスできる場所。これらをコーヒーとともに体験できる場所が、スターバックスの売りでした。日本では、どちらかと言えば、「オシャレな珈琲店」を提供しているように見えます。

お客様は、「オシャレな珈琲店に行った」「スタバで勉強した」という体験に代金を払っているのです。

この体験を売りにするのは、ちょっと難しい部分もあります。押しつけの体験は、売りになりません。お店に来た方に、「この店に来たら、こんな体験ができますよ」「こんな自分になれますよ」と一方的に押し付けてしまうと、お客様は引いてしまいます。「体験」を感じる工夫として、一つは自分発信であること。親子カフェの主人公は、来ているママと子どもです。お店から押し付けたイベントには魅力を感じてくれません。最初は楽しくても後で違和感が出てくるのです。行政や企業のイベントも、同じ間違いをよくしています。「ママに必要なのは○○です」と講座を開いていますが、実際にママの声を聞いたわけではないので、望んでいることとギャップがあることが多いです。大切なのは、ママの「やりたい！」を実現してもらう機会を提供することです。参加者も主催者も成長したい！　だからこそ、一緒につくっていくのです。商品サービスが、お客様に受けるのは期限付き。でも、体験は一生残ります。「親子カフェで初めて息子が立った」「講座を一緒に受けたママと友人になれた」「育児の不安を聞いてもらった」。こういう体験は、ずっと心と身体に残っていきます。親子カフェは、ママと赤ちゃんの人生に関わる場所です。素敵な体験を感じてほしいですよね。

ラスベガスのあるホテルでは、1部屋を借りると、カジノで使うための10万円とシャンパンの飲み放題サービスもついてきます。金額だけ見れば、損をしているようですが、他のホテルができないことを提供しているという価値も生まれますし、「このホテルに宿泊すれば、ラスベガスを経験できる」という体験はお客様をひきつけます。単なるホテルではなく、夢を体験できる場所になります。お母さんたちは、豊かな体験を求めています。豊かさとは経済的なものだけではなく、楽しさやイキイキとした感じ、多様性などを含んだ深みと幅があるイメージです。可能性も入っていると思います。ママは、そんな豊かさに惹かれてやってきますし、集まってくるママはいずれも豊かなママです。ここで言う豊かとは、英語で言うリソースフルやオープンマインドにも近いです。何かやりたいけど、なにができるかわからない。子育てで悩んでる、誰かと話したい、ぼんやりホッとしたいなど、無理に創造性を求める場所ではありません。誰もが持っている豊かなところに気づいてもらえる場所と機会なのです。豊かさを共有できる楽しさ、ひとりひとりが自然にイキイキとする機会と場所です。

誰かが想像で押し付けたイベントはつまらないです。最初は楽しくても、後から「なんで参加してるんだろう」と疑問や違和感が生まれます。自分の「やりたい！」を実現していけるような機会や体験は、ずっと続いていきます。しかも、誰かに伝えたくなるのです。こうなると、お店側としては、広告をつくる必要も少なくなります。お客様が次のお客様を呼んできてくれるからです。

人が自然でいられる場所

「子育てウツの軽減」「ネグレクト予防」「子どもの将来の成功のために、今やらないと」など、本来は不安に感じる必要もないのに、むりやり不安を感じさせ、モノやサービスを販売するのはフェアではないと思います。消費者に「モノやサービスが本当に必要か」と考えさせる時間を与えるのが、本当の関係性だと思います。考える時間を与えないのは、単なる押し売り。フェアではありません。不安を必要以上に感じさせるのも、相手の意思と尊厳を大事にはしていません。近年では、不安の他に「ポジティブ」を押し付けることも目立っています。「キラキラママ」や「子育てで幸せになる家庭」イメージなどです。

実は、「ポジティブ」の意味も日本では大きく誤解されています。逆境の時に、苦しい顔になったり、不安がよぎるのは自然なのに、ムリに明るくふるまうのは単なる楽観視という名の逃避。本当のポジティブではありません。ポジティブは、日本語に訳すと「楽観主義」「良いように考える傾向」などとありますが、実際に英語圏で使われているニュアンスは異なります。ポジティブ（positive）の語源は、「今いる場所に自信を持って立てること」「自然でいられること」という意味のラテン語からきています。決して、楽しく気分良く考えることではないのです。あなたがラクでいられる状態こそが、ポジティブな状態です。漢字で「楽」と書くと、つい楽しい状態をイメージしてしまいますので、あえてカタカナで書いています。ラクとは、自分らしく自然でいられる状態です。リラックスして、気どりや焦りのない状態。身体もココロも強張りはありません。自分自身が自然でラクな状態なら、相手だってラクになってきます。アメリカでは伝統的に自立し、自信を持って生きることが求められます。開拓者精神にも由来していますし、宗教的な理由にも関係があります。アメリカでは開国以来、人々は大きなストレスに囲まれています。競争社会で生き残り、自分を磨き、子どもに良い教育を与え、家族の健康に気を使い、自分も心身に気をつけないといけません。戦争、社会不安、犯罪など、あまりにも自分ではどうしようもない問題が多いです。そこで、教会はせめて前向きに生きれば人生が豊かになると説きました。この前向きな思想が、開拓者精神などとミックスされてポジティブシンキング思想が生まれたようです。確かに、ポジティブシンキングでいると、人生の苦労が軽く感じられるかもしれませんし、前向きな気持ちになれば、どんなことでもチャレンジできそうです。ポジティブな考え方は正しいように見えますが、そんなに人生は単純じゃないですよね。本来、ポジティブは「今いる場所に自信を持って立てること」「自然でいられること」という意味なのですが、時を経るにしたがってポジティブの本質を大事にしないで、「前向き」「楽観的」の意味ばかりが強調されてしまいました。楽観的であれば、人生は良くなると考えるのは短絡的です。不安や恐怖を刺激する集客が当たり前のように行われています。だからこそ、人と人をつなげる居場所では、そのような方法は相応しくありません。

4

ママは写真で判断する

思いを伝える三つの方法

チラシ、FACEBOOK、口コミ

最近では、「ママの経験を活かしてつくりました」「ママ目線の政策」などの言葉が聞かれますが、たいていママの声を反映していなかったり、目線も想像上だったりで、実際とは離れているようです。子育てをして気づく自分のチカラとは、いろんな人の力を借りる力、いろんな人に助けてもらう力です。そんなチカラに気づく機会があるのが、親子カフェであり、それを自分から気づけるというのは嬉しいことです。親子カフェでお客様がしている体験は、消費する体験ではなくて、自分がつくっている体験です。

- 自分が輝く体験
- 子育てがラクになる体験
- お友達が出来る体験
- 新しい情報や機会を得た体験
- 子どもと自分の人生の一部を自分自身のチカラで豊かに出来る！　そんな場所に参加した体験

お客様が楽しんでいる様子や喜んでいる姿を発信すると、自然と次のお客様も集まってきます。ですから、発信の方法の前に、情報の元となるお店づくりの方がすごく大事です。押しつけのイベントでは生まれない感覚だと思います。お客様のニーズとウォンツに合っているからこそ、「自分に合っているな」と感じてくれるのです。もし、情報を発信していても、お客様が来ないなと思ったら、まずは情報の元を疑いましょう。はたして、魅力のある内容でしょうか。内容に自信があるのなら、発信の方法を考えていきます。効果のある発信方法は三つです。

- チラシ（1万枚刷って10人来る程度。使い方が大事）
- FACEBOOK（無料。使い勝手の良さが便利）
- 口コミ（待っているだけじゃダメ。口コミさせる工夫が必要）

広告には、PUSH（押す）とPULL（引く）があります。PUSH型の代表がチラシです。大量に配布して、反応をまつ形です。自宅の郵便箱に入っているチラシの種類を見てください。パチンコ屋さん、不動産屋さん、塾、ピザ宅配、掃除など、いつもメンバーは変わりませんよね。

これらの会社が大量にチラシを撒くのは、それだけ資本があるからです。たくさんチラシをつくっても、それに見合うだけの反応があるのがわかっています。でも、親子カフェでは、こんなにたくさんのチラシはコストがかかるので、つくれません。今の時代ですと、1万枚をつくっても、0・1枚の反応率だそうです。どれだけ、大量に撒くのが大事かわかりましたよね。

親子カフェでは、チラシは不特定多数の人に撒くよりも、お店に来た人にお渡しするご案内のような立ち位置です。実は、チラシづくりにはパターンが決まっていて、そのパターン通りにつくると自然と人が集まってきます。「おやこカフェほっくる」では、こういったチラシづくりの講座も行っていますので、習った先生たちは自身のイベントできちんと集客ができています。「おやこカフェほっくる」では、特にFACEBOOKを使っています。現在までの「いいね！」は2000以上、投稿は毎日あります。

一方、PULL型は、Webサイトでの発信、メルマガ、FACEBOOKなどです。

FACEBOOKの良いところは、

①反応がすぐにわかる
②すぐに直せる
③無料
④継続的につながれる
⑤他人とのつながりを活用できる

アクセス数や「いいね！」数の分析がすぐにできて、言葉、内容、見せ方も改良できるからです。「いいね！」が多ければ、それだけ多くの人にも伝わっていきます。コメントが増えるの

「おやこカフェほっくる」の FACEBOOK。「いいね！」は 2000 以上

「おやこカフェほっくる」のホームページ

なら、人気度が伝わるとともに、「この親子カフェには情報が集まるんだ」と認知されるようになります。

ＦＡＣＥＢＯＯＫの投稿では、見るのは最初の「2文」と「写真」だけです。長く書いても、途中で文章が切れるので読まれません。そこで、タイトルをつけたり（○○講座スタートしました！）、画面をスクロールするギリギリで気になるコピーをいれます。たいてい2行目で切られてしまうので、「夜泣きが自然に止まって安眠できる方法って知ってますか⁉」など気になるキャッチコピーを入れておきます。他には、カウントダウンのように「あと何名です」「残り数日」も有効です。ＦＡＣＥＢＯＯＫでは同じ文章が何度も流れてくるのは好まれません。宣伝っぽく感じられるからです。しかし、カウントダウンという形であれば、中身が同じでも再掲載する理由になるので、嫌がられません。反応が良かった投稿であれば、再び使えば良いですし、悪かったのなら修正をしてみます。どの言葉が効いたのか、どの写真が良かったのかを反応率から判断できるのが、すごく便利です。チラシやHPでは、同じことはできません。

「おやこカフェほっくる」では、投稿のルールとして「悪口、ネガティブ発言はしない」「ウソはつかない」「読む人がいることを忘れない」ことを決めています。また、比率として「お得な情報」「裏側」「面白いこと」を8割、「告知」を2割としています。告知が多すぎるとブロックされてしまって、お客様に届かなくなります。

効果的な写真の見せ方

写真の取り方や載せ方も重要なポイントになります。お客様は、写真を見て、お店の様子、講座の価値を判断しています。美味しそうな写真なら、食べてみたいと思うし、普通の写真なら、あまり惹きつけられません。また、写真は、商品を伝えるだけではなく、お店の姿勢も表します。ネットに上げる商品の写真は、お店のショーウインドウと考えてください。キチンとした写真を使っているお店は好感が持てますが、携帯電話で撮ったような写真では、お店のヤル気も見られません。お店は、絶対に良い写真を使うべきです。できることなら、プロのカメラマンを使いましょう。もし、予算の都合でプロが呼べないのであれば、アマチュアに頼むか、自分で撮るしかありません。静物を撮るための基本さえ押さえていれば、最低限のキレイな写真は撮れます。最近のカメラは性能が良いので、ポイントさえ押さえればプロにも負けないと思います。

①逆光

料理を撮るときには、逆光を利用します。逆光気味の光で撮影すると立体感が出るのです。自然光でも人工的な光でも効果が出ますが、カメラのフラッシュだと、料理が光ってしまうので、平面的に見えてしまいます。フラッシュは止めましょう。光の向きや、窓からの明かりの方向と強さを考えて、もし明るさが足りないなら、蛍光灯スタンドを使います。

②撮影の角度は食べる時と同じ

自分で食べるときに見る角度が一番自然です。料理に対して、45～60度くらいです。光と角度があった方が、料理も美味しく見えますよね。とくにランチの写真は、「内容を見せること」「美味しそうに見えること」「行ってまで食べる価値があること」を伝える必要があります。すこし光と角度に気を使うだけで、グッと商品の見栄えが良くなり、FACEBOOKでも拡散されやすくなります。

③小物を使う

和食なら箸や皿、洋食ならナイフとフォーク、スイーツなら花や小物を画面に入れると比較物になります。小物（小さいもの）と料理（大きいもの）で対比が出来るので料理が目立つのです。目の錯覚を利用した方法です。

④アップで撮ってみる

アップで撮影するとインパクトを伝えられます。ランチの内容を全て伝えることはできませんが、見た目が強くなるので惹きつけられます。グラタンをアップで撮ったときには、大変好評でした。少しずつ角度を変えたり、モノを変えたりしながら、たくさん撮ると気に入った写真を撮れると思います。コツを使えば、かなり美味しそうに撮れます。でも、なるべく写真は正直に撮ってください。写真と商品が違いすぎると裏切られた気持ちがし

美味しそうに見える角度は食べる時と同じ

真上から取った写真。分かりやすいが、イキイキしていない

て、すごくガッカリします。（マクドナルドのハンバーガーの写真と現物だと違い過ぎるのでガッカリしませんか？）

ランチの写真以外にも、講座の写真も大事です。むしろ、人が写っている分、お店の雰囲気を伝えられます。お母さんたちは、写っている人の服装、髪型、顔を見て、自分にあった場所かどうかを判断します。だからこそ、人を撮るという際には、これから来るお客様も意識しなければなりません。以下のポイントを守ってもらえれば、良い写真が撮れます。

①講座の内容に合った写真（イメージ写真はＮＧ）

②「誰が教える？」「誰が来てる？」がわかる写真

③楽しそうな雰囲気がわかる写真

左の写真は、音楽と読み聞かせをしてくれるキッチンワルツさんの写真です（https://kitchen-waltz.jimdo.com/）。一目で、「ママと音楽」の状況がわかりますよね。ママたち、赤ちゃん、先生の近さもわかります。

④興味を持たれやすい写真、シェアされる写真

珍しさ、面白さ、食べ物、動物がポイントです。「おやこカフェほっくる」のＦＡＣＥＢＯＯＫからシェアされた情報は、３００人から７００人に伝わります。さらに、シェアされると一気に５０００人に広がることもあるほどです。今までの傾向だと、ランチの写真や

キッチンワルツ。プロが読み聞かせと演奏をしてくれます

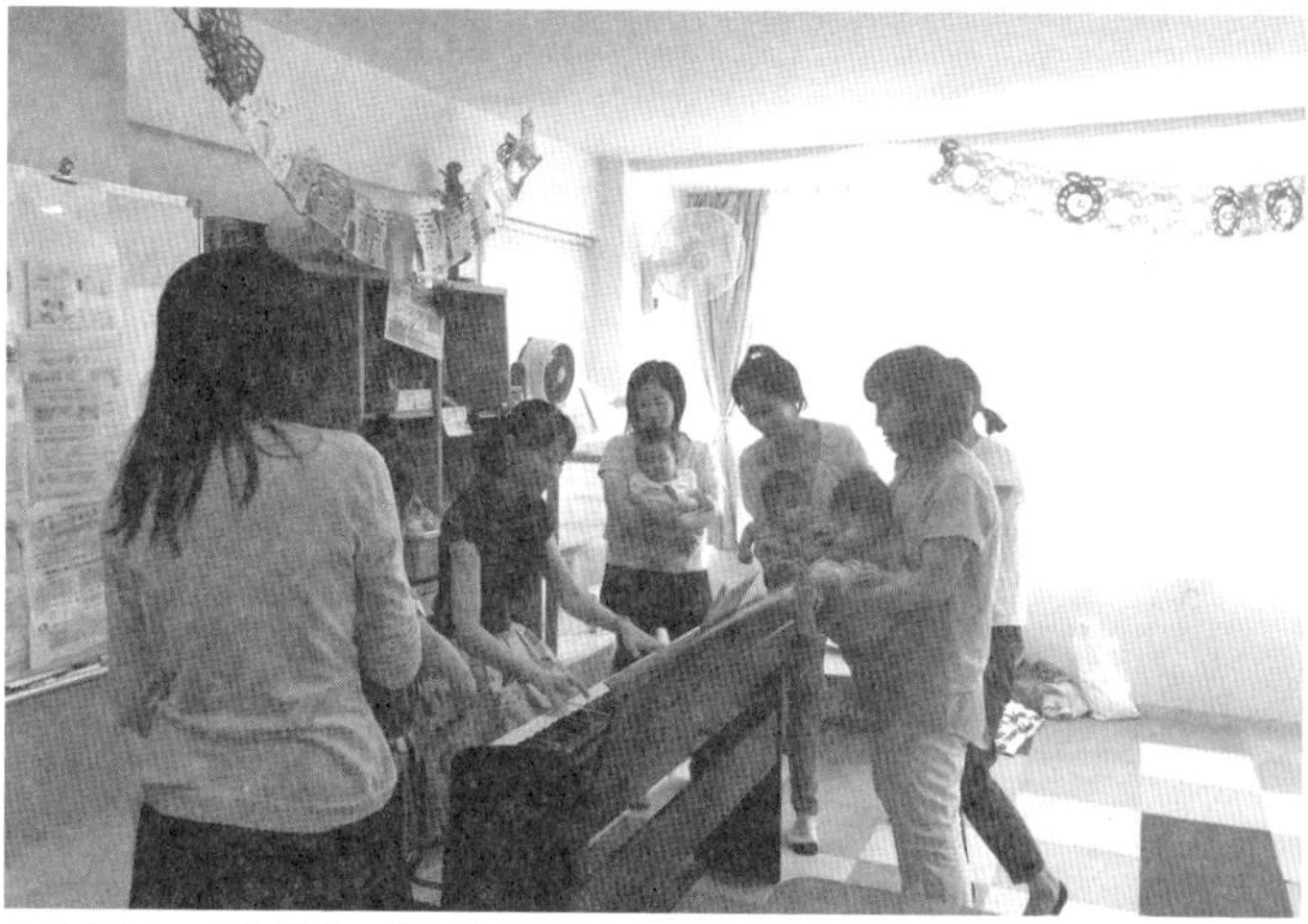
お母さんも一緒に歌えて楽しそう！

ケーキは人気が高いです。また、可愛い写真もシェアされます。かくれんぼしている女の子の写真もすごく人気がありました。写真はつくりこまないで、そのままの写真の方が受け入れやすいようです。テレビ番組に出ることがあると、その放送もシェアされます。普段から行っているお店が取り上げられるのは嬉しいみたいですね。お店の様子を伝えるには、動画も有効な手段だと思いますが、短く見やすくしないと人気は出ません。

写真で気を付けることは、次の三つです。

①プライバシー

必ず「撮って良いか」「掲載してよいか」を聞く。

②写真と報告はペア

告知だけではなく、開催報告もすること（申し込んでない人も見るから。楽しそうな雰囲気を伝えられるから）。

③方向性に合った写真を撮る

来てほしいターゲットに合った人の写真を撮る。

便宜上、集客という言葉を使っていますが、本当は集客と満席は違うと思っています。集客は「お客さんを集めること」。お客さんは、サービスを使ってもらう相手。関係性は一度だけです。満席は、「ファンを集めること」です。

大人気だった写真。カワイイ！

テレビ（東京MX）での放映（2014年9月30日）。メディアにはよく紹介されています

使ってくれる人、参加してくれる人、これからも参加してくれる人、伝えてくれる人を集めていきます。関係性は継続的で、ともにつくる間柄になります。「お金をくれる相手」を探しているだけだと、相手に見透かされます。そういう付き合いしかできなくなりますし、メリットを享受できないと思われたら、関係は切れてしまいます。

親子カフェは、体験と関係性が生まれる場所ですから、集客よりも、ファンを集めるといった方がしっくり来ると思っています。共感が口コミを呼びます。人は呼び込むもので、無理に集めるものではありません。

集客ってどうするの

インターネットで見つけてもらう方法

お客にしてほしい行動とは、お店を見つけていただいたあとの行動です。ホームページをお店と考えてみましょう。お店が、どんなに告知をしていても、お客様が反応しないのであれば、お店は存在しないのも同じです。また、仮にお店を発見しても、お客様にアクションを促せなければやっぱりお店としての価値はありません。

ホームページも、まずは見つけてもらう必要があります。どんなページを見るにも、まずは検索をしますよね。特定の言葉をいれて、あなたが欲しい情報が載っているホームページを探し出します。ＳＥＯとは、検索エンジン（Yahoo や Google）で表示される検索結果順位を上げる技術のことです。検索エンジンの結果で上位になれば、ホームページへのアクセス数も増加します。アクセスがあるということは、それだけ多くの方が集まっているということ。つまり、ある情報においては信頼されているという証拠です。

各検索エンジンには、クローラーと呼ばれるプログラムが存在しています。クローラーは常にインターネット上を巡回して、ホームページの情報を集めています。その結果を、検索に反映しているのです。このクローラーが情報を集めるときに参考にしているのが、キーワード。親子カフェを特集しているホームページであれば、どれだけ「親子カフェ」というキーワードがホームページにあるのかが問われます。「親子カフェ」という言葉や親子カフェに関連している言葉などが豊富であれば、そのホームページが「親子カフェ」に特化していると判断されるのです。ただし、「親子カフェ」に関するページは世界中に星の数ほどあります。その中で、どのように目立ったらよいのでしょうか？　まずは、定期的に「お店があるエリアの名前」と「親子カフェの名前」を含めた投稿を行ってください。もし、余裕があるのなら、同じような活動をしている団体やお店とリンクを結びます。こうすることで、クローラーは価値の高いサイトと判断してくれて、検索されたときに上位に持ってきてくれます。ホームページを毎日更新するのは大変ですから、ブログやFACEBOOKを利用してください。そして、ホームページを見つけたお客さんになんらかのアクションをさせないといけません。行動を促す工夫があるホームページこそ価値があるのです。そこで、どんな行動をさせたいのか考えてみましょう。

●お店のことをもっと知ってほしいのか
●すぐにお店に来てほしいのか
●まずは講座に来てほしいのか

自分ひとりでホームページを見ているので、見るという選択や、これからのアクションなど全て自分が決めないといけません。実際に、誰かと一緒なら背中を押されて行動をすることもありえますが、一人だと行動の理由を決めるのは自分だけです。そのため、インターネットでは、少しでも自分の心理的な負担を減らすために、なるべく控えめな行動を選

難易度高い	来店させる	心理的コスト高い（損や危険を感じる）
	予約させる 電話させる 資料請求させる	
難易度低い	メルマガ登録等で個人情報を入力する	心理的コスト低い

インターネットでお客さんにとってほしい行動

ぶ傾向があります。多くのホームページでは、やってほしい行動（購入、予約、問い合わせ、資料請求など）を押し付けていますが、相手はプレッシャーを感じて、結局行動をしてくれません。ホームページを見るだけで、次の行動のヤル気がなくなっているのです。そこで、ホームページでは心理的負担をかけない行動だけを促しましょう。私たちのホームページは、情報を伝えることだけに特化しています。来店させることや予約は、FACEBOOKに絞っています。

手書きの効果

ネット以外にも、お客様に届く方法があります。昔ながらの手紙です。手紙は、書いた人の気持ちがこもっているようで、貰うと嬉しく、お店の丁寧さも伝わってきます。パソコンでメールを送るのが当たり前だからこそ、手書きの、文字が大きな手紙は集客につながります。お客様の住所を知る会員制の親子カフェで、字に自信がある方におすすめします。

こんな実験があります。次の三つを配ったときに、一番反応が良かったのはどれでしょう？

①「記入をお願いします」とポストイットに手書きで書き、貼っておいたもの
②「記入をお願いします」と調査表の表紙に印刷しておいたもの
③調査票だけのもの

反応が最もよかったのは①です。75％の人が返事をくれて協力してくれましたが。一方、②は48％、③の調査票を受け取った人は36％しか返事をしませんでした。「きっと、この人は自分で手書きで1枚1枚に『お願いします』と書いているんだな」と想像したので、協力してくれる人が多かったと実験は結論づけています。手書きをした人の手間に好意を感じたわけですね。私が通っている美容室は、年末年始、季節のイベントごとには必ず手書きの手紙を送ってきてくれます。もちろん、髪の毛をきった1週間以内に感謝の手紙が届きます。来店の御礼だけではなく、話した内容も覚えてくれているので、店員さんの人柄を感じます。

手紙を送るタイミングは、以下の四つです。

- 店のイベントのとき
- 世間のイベント（クリスマス、GW、季節の変わり目）
- お客さんの誕生日
- 何でもない普通の日

なんでもない普通の日に送るのも効果が高いです。ご挨拶でも、「お客様のことを思い出して手紙を書きました」でも喜ばれます。普通はやっていないからこそ、インパクトが大きいです。忘れてはいけないのが、お店の売り込みではなく、ファンとの距離を近づけることを目的にしてください。

5
ママも子どももも夢中にさせるポイント

タイクツさせない演出

毎年入れ替わる客層

お店は消費されるものです。最初の1年は珍しいので、お客様も来てくださいますが、2年目からは飽きて来なくなります。もし、常連だけが来る居場所だったら、3年目には誰もいなくなっているか、縄張りになってしまいます。新しいお客様の獲得は、お店でも居場所でも大事なことです。

「おやこカフェほっくる」には、新規のお客様は毎年やってきます。しかも、毎年、お客様は入れ替わります。こういうスタイルのカフェは、珍しいと思います。まず、新しくお母さんになった方がいらっしゃいます。プレママから通ってくださる方もいれば、赤ちゃんができて2〜3カ月後にいらっしゃるママもいます。「赤ちゃんが生まれたらおやこカフェほっくるに」という流れが地域にあるので、毎年新しいお客様がやってきます。

もう一つの流れは、育休中のお母さんです。育休を取っていらっしゃる間に来てくださるお客様も多く、たいてい、4月から復帰されます。毎年4月になると、復帰される方が来なくなって、育休に入る方がドドッとやってきます。ガラっとお客様の層が変わる感じです。

このように、お客様の対流があるので、飽きが来ません。いつも同じ人しかいなかったら、すぐに飽きが来てしまうと思います。また、育休から復帰した方が、お友達に「おやこカフェほっくる」のことを伝えてくださるのも嬉しいです。先輩ママから後輩ママの流れが出来ているんだなと思います。

多様性を生む1日店長制

1日店長のスタイルにしたのも、タイクツさせない工夫です。毎日、同じ人が店長ですと、その人が気に入ったらずっと来てくださいますが、気に入らないなら、お客様にはなってくれないでしょう。そんな場所では、地域のお母さんの居場所にはなりません。1日店長もそれぞれ特色のある方にやっていただいています。お客様には、その多様性も楽しんでいただきたいのです。一方の店長も、それぞれの店長のやり方があるので、お互いに違いを学んでいます。店長

毎月のイベント カレンダー

をやっていく中で見つけた独自のノウハウを、他の店長さんにシェアすることもあります。もちろん、お互いのやり方が違うので、うまく行かない時もありますが、その時もネット上の掲示板やメモで意見交換をしながら、解決しています。かつて、キッチンの掃除の完成度が違いました。几帳面な人の日はキレイに、おおらかな人の日はそれなりにだと、几帳面な人だけがいつも掃除をして損をしていました。そこで、キッチンの棚を整理してもらって、誰でも掃除がカンタンにできるように道具を揃えてもらいました。そして、掲示板で掃除方法をシェアしたのです。掃除が足りていないことへの非難よりも、建設的な意見を共有することで、キッチンの清潔さは保たれるようになりました。1日店長制は、お客様にとっても、お店にとっても多様性を学ぶ機会になっています。店長自身も楽しんでいるようで、それぞれの曜日のやり方を学んで、どんどん吸収しています。

会話が生まれる工夫

会話が生まれるきっかけがたくさんあるのも、飽きが来ない理由です。毎日、講座がありますし、周りには玩具や本があります。日替わりのランチは、レシピを知りたくなるような美味しさです。事細かにマニュアルやルールを貼っていないのも、工夫です。お客様は質問があったら、店長に聞くしか方法がありません。店長がいても、ネットからメールをする方もいらっしゃいますが、それでもコミュニケーションは生まれていると言っていいと思います。店長だけではなく、隣のお客様にも聞くこともできます。質問から会話が生まれたり、挨拶から会話が続いたりと、他人との交流が当たり前の雰囲気になっています。店長は、お客様同士をつなげることもします。同じ年のお子さんを持つお母様同士をつなげたり、同じ講座に申し込む方をお誘いしたりと、会話の中心にいるわけではなく、つなげ役になっています。お客様の数だけトピックもありますので、来るたびに新しい方と出会うので、いつも新鮮ですよね。

知識や感情を共有できる文化

お店の文化もタイクツさせない工夫の一つです。毎日、講座があったり、来るたびに様々な人に出会えるのも魅力だと思いますが、来るだけでお互いに学びあえるのは大きいと思います。実際に、何かを教えているわけでは

レンタルボックス。自作された方が販売しています

玩具スペース

ないのですが、会話の中から学んだり、情報を提供しあったりが生まれます。赤ちゃんが初めて立った時は、その場にいたお客様みんなで喜びます。赤ちゃんが、他の赤ちゃんとお友達になったとき、初めて育児の悩みを他人に話せた時、講座を受けて、新しいことに気づいた時。ちょっとした経験は、たくさんあって、自分だけの経験で終わらないで、誰かのためになることもあります。ずっと些細な問題だと思っていて、「こんなことで悩んでいるのは自分だけかも」と悩んでいたお客様が、おしゃべりの中で、みんな同じようなことで悩んでいたのかと気づいて、解決策まで聞けた時に、ポロリと涙を流していました。その涙を見て、「私も同じ悩みを持っていたのに言えなかったんだー」「私も分かる!」と共感しあえるのは、家の中では生まれないことだと思います。親子カフェでは、上下関係はありません。お母さんを未熟と決め付けもしません。店長は、お客様同士の会話のきっかけづくりを促す存在です。雑談の大切さを知っているからこそ、つなぐ役に徹しています。悩んでいることの原因がわかれば、相談もできますが、原因が分からない時はどうしようもありません。不安にもなりますよね。相談をする前の段階で、雑談が大切です。雑談の中から整理されたり、答えが見つかったりもします。自分では些細な問題と思っていても、ずっと抱えていたら大きな問題になっていきます。雑談は、問題の予防になります。店長の洋服も普通の服で、エプロンや制服はありません。エプロンをつけていると、サービスをする側と認識されるからです。もし、サービスする側と、サービスをされる側に分けていたり、一方的に講座を提供していたら、お母さん同士の関係性も生まれなかったと思いますし、一方的な関係だと飽きられてしまいます。サービスには上限がないので、提供する側も切りがないでしょう。ともに提供し、育て、価値を共有していくこと、他人とつながって、喜び、豊かさ、経験をわかちあうことで、お母さんの生活はもっと楽しくラクになっていきます。

外向きのつながりと内向きのつながり

子どもが生まれてから、人との交流を意識するようになったという方も多くていて、赤ちゃんと一緒にいるだけで話しかけられたり、妊娠前には出会わなかったような人たちと知り合ったりと、自分の交流の幅が広がっていきます。

それと同時に、交流自体の質も気になってくるのです。目的と、その解消だけのコミュニケーションの相手もいます。お医者さんやカウンセラーは、相談したい内容は聞いてくれますが、それ以外のことは聞いてくれませんし、料金も発生します。妊娠中や、赤ちゃんを育てている時は、自分がどれだけ主体的になって、周囲の人と話せたのか気づく時なのかもしれません。「大人と久しぶりに話せた」というママも、いらっしゃいます。お子さんと一人きりでいるのは、楽しく嬉しいことだけれども、責任の全てを独りで負うようで不安にもなります。旦那さんが働いている間は、メールのやり取りはしていても、夜には先に休んでいるので話すことはないそうです。気づけば、赤ちゃんとばかり話していて、話しかけられることはありません。家の外に出て、こうして他のお母さんや店長たちと話すことで、もしかしたら、子育てにいっぱいになった自分にも気づくかもしれません。多様な関係性、つながりがあると、人との出会い自体がお店のコンセプトになっていくので、講座やイベントをムリやりつくる必要もなくなっていきます。関係性は緩やかだからこそ、しなやかに頼りになるのでしょう。

現代では、「かかわる」など関係性を表す時に「係」が使われることが中心ですが、元々は、「係る（つながる）」と読まれていて、「繫がる」の「繫」は、古くなって硬い綿の姿が語源（旺文社漢和辞典）だそうです。英語で言うと、CONNECT（コネクト）ですね。これは、ラテン

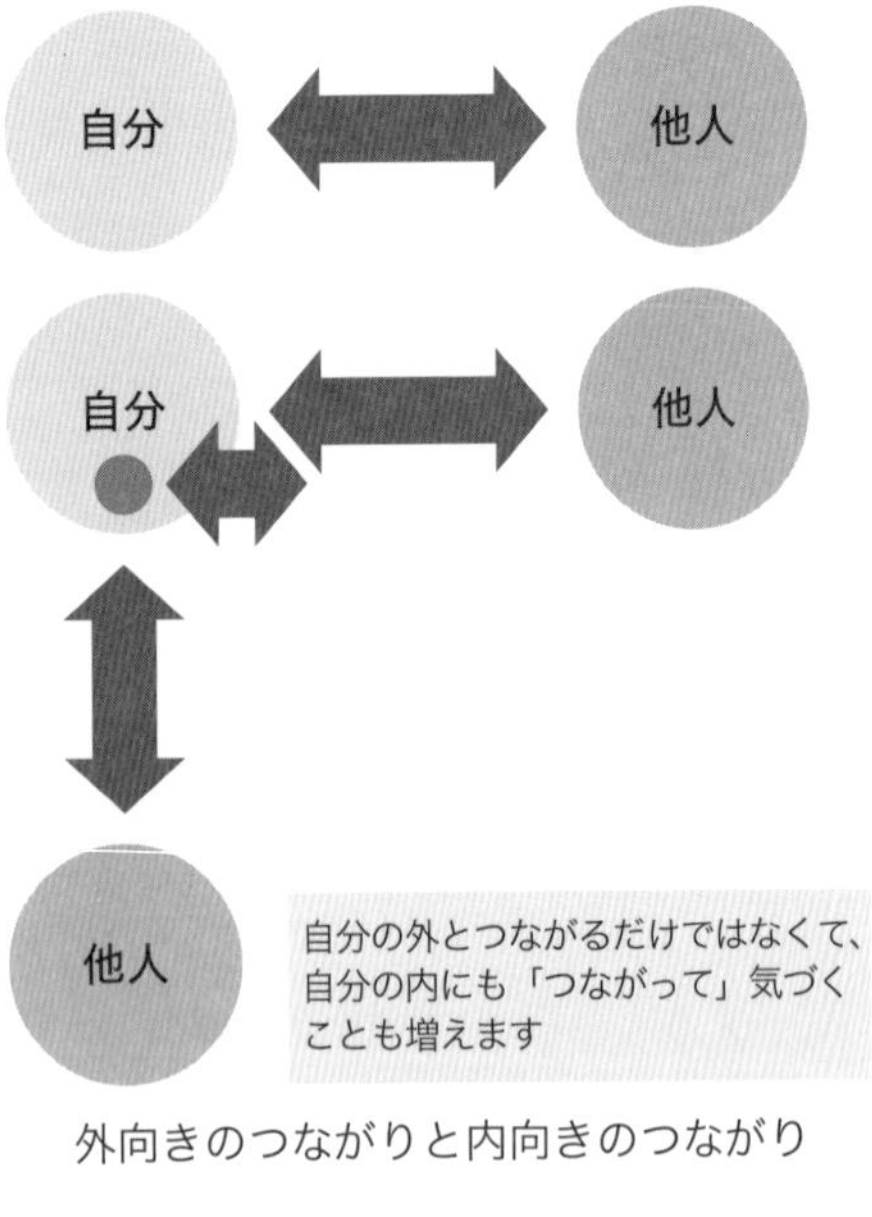
自分
他人
自分
他人
他人
自分の外とつながるだけではなくて、自分の内にも「つながって」気づくことも増えます
外向きのつながりと内向きのつながり

語のCONECTEREに由来します。「一緒にする」「参加する」という意味から、「関係性をつくる」に時代とともに変化しました。他には、RELATEDやLINKなども、「つながる」という意味です。

つなげるのは外だけじゃなくて、内向きもあると思います。隣のお母さんを観察して、その人の強さを発見したり、他人に頼ることができる自分に気づいたりと、内向きのつながりもあります。自分と内なる自分との繋がりでしょうか。自分の内にある見えなかった能力に気づいて、その気づきから、行動、表現、具体的なアクションにつながっていきます。「見えなかった自分の能力」から、「できるんだ!という自信」「能力を発揮した行動」へとつながります。自分へのつながりは、外に向かうチカラになるのです。

子どもを産むまで、他人との付き合いに意識が向かなかった方や、ほんの少し前までは、自分の世界とは関係性がなかったモノや人につながるのが大事だと思います。その機会になる場として、親子カフェはとても可能性があるのではないでしょうか。

つくりたい場所をイメージする

親子カフェをつくりたくなってきましたか? これからは、レシピをつくっていきましょう。

親子カフェをつくる理由などをどんどん書いていってください。イメージするだけではなく、実際に書いてみることが大事です。まず、目標がシンプルになります。集中できる分、より達成度も高まります。書くと、方向性も定まりますから、自分が何をしたらよいのかがわかるので、迷うこともなくなります。なにより、他の人に目的を伝えると、引っ込みがつかなくなります。「親子カフェの作り方講座」を受けた方には、自分のブログやFACEBOOKで、「居場所をつくりたい」と宣言するように勧めています。プレッシャーをかけるだけではなく、アイデアや気持ちを共有できる仲間も見つかります。頭の中で考えているだけでは、誰もわかりませんが、口に出したり、書いてみると、他の人にも分かります。ブログなどでは、さらにシェアをされるので、見知らぬ人も共感を寄こしてくれます。プレッシャーにもなりますが、モチベーションにもなりますよね。では、一つ一つ書いていってみましょう。

- どうしてやりたいのか？
- どんな営業スタイル？（カフェのみ、昼夜営業など）
- どんな親子に来てほしいのか？
- 地域はどう変わるのか？

さらに、細かく考えてみます。料理の専門性だけでは一般の飲食店には勝てません。どうしたら、地域のお母さんたちが喜ぶ場所になるでしょうか。そして、どんなメリットがあると良いでしょうか。一言で言えば、ウリを考えてみます。

①ここが他とは違う

②安心できる場所である理由、工夫

③はじめてでも来られる？

④ママと子どもに特化している？

⑤学びがある？

⑦お得がある？

⑧地域とつながっている？

⑨友人に教えたくなる？

ちゃんと書けましたか？　ぜひ、根本を考えてみてください。「あなたはどんな想いで、親子カフェをつくっていくのか？」こう考えていくと、モチベーションを高め、親子カフェのコンセプトやブランド、お客様にどうPRしていくのかもわかってきます。あなたの親子カフェに対する姿勢は、お客を引きつけます。つくる理由をお客様に伝えるのは、とても大事です。

「安心できる居場所が欲しい」という理由なら、もっと具体的に突き詰めましょう。どんな思いでつくるの？　いままでにぶつかった壁はあった？　どうして他の居場所よりも、居心地が良いと思うの？　つくる前から考えるのは大変かもしれませんし、とらぬ狸の皮算用かもしれません。でも、根本をつきつめていくと、自分自身の思いや経験がよみがえるはずです。よみがえってきた思いを全て伝えてください。思いとつくっている姿勢は、親近感と信頼感を生みます。

お客様は、たくさんの場所の中から、あなたの親子カフェを選びます。同じような親子カフェがあって迷った場合、人が決定する理由はストーリーです。ストーリーには、信頼と好感がうまれます。お客様は無意識のうちに、信頼できる会社、好感が持てるお店を優先的に選びます。姿勢が感じられないお店にはお客様は反応しません。顔が見えない相手に向けて書いていますが、出来たら「わたし」から「あなた」に気持ちが届くように書いてみましょう。「わたし」から「お客様へ」と多数に向けるよりも1対1で話すように書くと、説得力も増します。来てほしいお客様を想像して、どんなニーズがあるのか、どんな気持ちを持って、お子さんを抱えて暮らしているのか。お友達から聞いたり、事前に地域の人から聞いた情報を元につくってください。

どんなスタイルの居場所にするか決まりましたか？　現在ある居場所から、「公的施設の居場所」「自宅改装」「単発開店」「小規模」「毎日オープン」「特別なコンセプトがある場所」の六つに分けてみました。それぞれの居場所には、それぞれ長所と短所があります。

公的な場所は、抽選があるため、いつも使えるとは限りません。目的も公的なものに絞られているので、収益事業がしにくく、徴収できても実費のみ。売上にはつながりにくいです。

単発でイベント用に開店する場所もあります。特別感があるのは良いですが、あくまでイベントなので集客できる企画が必要です。イベントをやるだけに追われて、運営側が疲弊してしまう可能性もあります。

特別なコンセプトがある場所は、来る人が限定されていたり、企画がハッキリしているものです。コンセ

居場所の長所と短所

	長所	短所
公的施設	・家賃がかからない ・単発開催 ・掃除の手間がない	・収益事業が限定される ・いつも借りられない ・見た目がダサい
自宅改装	・家賃がかからない ・家庭的 ・道具や光熱費がかからない ・開店も閉店も自由	・日常感が強すぎる ・他人の家に行くのが嫌な人は来ない ・立地を選べない ・周辺住民への配慮
単発開店	・コストを抑えられる ・特別感がある	・行きたくなる企画が必要 ・忘れられる ・新規客を集めにくい
小規模	・こじんまりとして家庭的 ・初期投資を抑えられる ・安めのメニューでも良い ・フレンドリー	・お客様が少ない ・売上も少ない ・オーナーのキャラが重要
毎日開店	・いつでも利用できる ・認知度と売上も上げられる	・コスト（経費、負担）が毎月かかってしまう
特別なコンセプトがある場所	・特徴が強い ・趣味に合う人が来る ・仲良くなりやすい ・値段を高めにしても OK	・縄張り化して、新規客を集めにくい ・趣味に合わない人は来ない ・メニューの改定が忙しい ・ニーズに合わせないとダメ

プトが合えば、集客できますし、お店への貢献度も高くなります。一方、飽きられてしまったり、目的が達成できたお客様は来なくなります。新規客も集めづらいですね。

短所も多いのですが、実は他のスタイルを合わせると解消できることも多いです。例えば、単発開店であれば、場所を問わないので公営施設や自宅でも出来ます。継続的に単発開店（月2回だけ開催、隔週のみ公民館など）であれば、集客に苦労しますが、思い切って会員制にすると良いです。会員制にすると、会費が取れるので、集客の見込み数がわかりやすいのと、年間1回は収益が確実に入ります。

つくりたい親子カフェのイメージが固まってきたら、今度は現実的に見ていきます。立地、収益はもちろんのこと、お客様から見て、望まれているかも考えてください。自分でつくった親子カフェの下絵を、他の人に見てもらうと、新しい視点を得られます。お店がやりたいことと、お客様が望んでいることの配分はすごく大事です。やりたくても、現実的に収益があわなければ閉店してしまいます。思いを現実にするためにも、道具（ノウハウ、コネクション、お金など）を使っていきましょう。道具は、あなたの資源と思ってください。資源には、人のつながりも入っていることを忘れないように。独りで居場所をつくるのは大変です。先輩や仲間のチカラもぜひ使いましょう。

6

物件探しは三角形

立地はブランド、売上、集客のカギ

幼稚園、保育園、小学校の三角形

何をおいても立地が大切です。場所はブランド、売上、集客のカギになります。お母さんが来やすい場所を探しましょう。幼稚園、保育園、小学校などに囲まれていますか？　駅近でわかりやすい場所ですか？　住宅地にあるのなら、来やすい場所ですか？

ベストな場所は、お母さんたちがよく行く三つの場所（幼稚園、保育園、小学校）に囲まれているエリアです。徒歩で行くことができれば、なお良いです。地図上で探してみてから、自分でも歩いてみてください。あまり知らない土地につくるのはやめましょう。自分の足をつかって、歩き回ってください。できることなら、様々なパターンを変えて歩いてみてください。

- 日中と夜
- モノを持っている時と持っていない時
- 雨の日と天気の日

お子さんと一緒に歩いてみるのも良いです。普通の飲食店とは異なり、親子カフェに来るのはお母さんとお子さんの2人です。お子さんでも歩けるような場所、お子さんを抱えても来られるような場所、ベビーカーを押していけるような場所が求められます。雨の日は、とくに荷物が多くなります。駅から近くても、歩きやすい道路でしょうか。物件の周辺を散策してください。一回歩いてから、日にちを空けてみて歩くと、違った視点が見えてきます。定点観察で人の流れを見ることが、次のステップになります。人は沢山いるのに、店がないところを探してみましょう。学生街は、たくさんの人がいますが、通り過ぎてしまう人が多いです。お母さんたちは、どうでしょうか？　彼女たちが立ち止まるようなエリアに、競合店はあるでしょうか？　他にも、居場所となるような場所はありますか？　たとえ、競合店があっても、中身で勝負できますが、立地で不利があるのなら、その分、苦労も多くなります。なるべく、自分の足で探してください。

物件情報を探す方法

地域に居場所をつくるのであれば、自分の地域を知るのは当たり前のことです。物件情報を探すには二つの方法があります。

一つは、自分自身で積極的に情報を集める方法。開きたいエリアに実際に自分で行って、地域の不動産屋さんに聞いてみたり、テナント募集の張り紙を見つけて電話をしたりと地道な作業になります。不動産情報の専門誌や、インターネットから情報を取るだけで満足してはいけません。居場所である以上、「1回なら行ける立地」では不十分です。お母さんたちが、何度も足を運んでも苦労ではない立地を探していきます。

二つ目の方法は、第1段階で知り合った不動産屋さんや地域の人からの次の情報を待ってみます。最初に歩いて探すのは、場所だけではなく、協力してくれる人でもあります。地域には長くやっている不動産屋さんや、地域に詳しい方、NPOセンターなどがあります。そういう方にお聞きして、情報をもらえるようにしてください。すぐには来ないかもしれませんが、時間をかけてみましょう。

協力してくださる方には、以下のポイントも伝えてください。これらを伝えないと、ピッタリ合う物件はいつまでたっても出てきません。

①業種、業態、価格帯
- メインとなる客層を具体的に伝える
- メニューや講座などもイメージしやすいように伝える
- 無料なのか、有料の居場所なのか

②大きさ、広さ
- 店舗の希望面積（10～20坪など）、階数（1階限定、地下、2階でも良いのか）

③希望エリア

●オフィス街なのか、繁華街・商店街なのか、駅前なのか

③気持ち

●なんでやりたいのか

●事業計画

●自分の連絡先

自分の連絡先を渡すのも忘れないように。不動産屋さんも、NPOセンターも、多くの方から同じような依頼を受けています。その中から、自分だけに情報を伝えてくれるようにするには、覚えてもらうしかありません。ですから、名刺はもちろんのこと、どうして居場所をつくりたいかも真剣に伝えてください。熱意が伝われば、忘れられることは少なくなります。そして、情報をもらったら、すぐに行動するのも大事です。「すぐに行動」とは、すぐに現場に行って、その感想を伝えることと、お礼です。物件にも鮮度があります。ライバルも多いのですから、すぐに物件を見て、確認してください。もし、気に入らなかったら、次の物件を探します。この時に、情報をくださったことに、丁寧にお礼を言って、改めて希望も伝えましょう。連絡が来ないのなら、何度でも連絡して伝えてください。こうしたやり取りは面倒です。しかし、面倒だからこそ、きちんとやる人は、信用されます。信用されなければ、いい物件情報は自分のところには、やってきません。

廃校と空き家

地域での場所探しで話題にあがるのが、学校跡地と空き家です。学校の合併や建て替えなどで、廃校になると学校の建物をそのまま使えます。アクセスも良く、広いので使い勝手は良いですから、多くの人が使いたい物件です。

しかし、ほとんどの場合、学校跡地の利用はムリです。廃校になるという情報が出た時点で、使う団体は決まっていると思って間違いないです。廃校になるには長い準備が必要です。その間には、学校跡地をどう使うかも議論されます。学校をそのまま使うのか、それとも壊して更地にするのか、行政の目的もあるので、決まるまでにも時間がかかります。公に発表になるころには、廃校と、学校の利用はセットで結論が決まっているのです。もし、学校を使いたいのなら、廃校が議論される時点から、名乗りをあげないと利用は難しいでしょう。

空き家は、近年話題になっていますね。都内には使っていない空き家はたくさんあって、その多くが誰にも知られず地域内に埋もれています。私たちのNPO法人では、空き家が問題になった初期のころから行政と一緒に取り組んでいて、空き家をリノベーションして、母子家庭に生活支援と共に貸す事業を日本で初めてつくりました。空き家なので、通常の物件よりも家賃を安くできますし、リノベーションをするので、ボロ家ではありません。こうした経験もあって、空き家のことには詳しくなったので、多くの団体や個人の方から空き家を紹介してくださいと言われます。

勘違いされている方も多いのですが、空き家といっても所有者さんもいらっしゃいます（所有者がわからない空き家は、ゴミ屋敷のような状態なので壊されています）。つまり、物件の所有者さんにも納得していただかないと、空き家といえども使えないのです。「近所に空き家があるから、あそこを使います！」「絶対、空き家だと思うので、あそこを狙います」という方も多いのですが、たいてい所有者さんに断られています。他人が空き家だと思っていても、本人は使っていることだってあるのです。本人は使っているのに、他人から「空き家なんだから使わせてくれ」と言われたら、誰だって良い気持ちはしませんよね。私たちがうまく活用できているのは、所有者さんに、ちゃんとお話しているからです。

物件探しでも関係性を大切に

居場所というのは、人との関係性が生まれる場所です。そんな場所をつくるのですから、物件探しの時にも、関係性を大事にしてください。家賃を抑えられれば、運営のコストも減ります。居場所をつくりたい人にとっては、家賃交渉は必須でしょう。だからといって、「安く貸してください」と無理強いしたり、「タダで貸してくれるところを探していますから、紹介して」というのは、ちょっと図々しいです。中には、所有者さんのご厚意から無料で使える場所はあります。しかし、それは完全に無料なのではなく、所有者さんが税金を納めたり、改修費を補填してくださっているからです。

親子カフェは、継続していき、地域の居場所になっていきます。ずっと、所有者さんのご厚意に甘えてしまうのは本当は良くありません。完全無料を探したり、無料に甘えたりしないで、できることから、お礼をしてください。所有者さんを親子カフェに定期的にご招待したり、お礼の手紙をお送りすることも出来ますよね。経営が安定したら、お支払いすることだって出来るはずです。協力してくださる人たちは、共感してくださっている人たちです。でも、その共感に依存したり、利用してはダメです。

かつて、親子の居場所で有名なところがありました。物件所有者さんのご厚意もあり、家賃が抑えられたので、居場所の経営ができていました。所有者が息子さんに代わり、家賃の改定がありました。さらに行政からの補助金も打ち切られ、結局、長く続けてきた親子の居場所も閉店になったのです。長くやってきたのに、経営的なノウハウを蓄積してこなかったのも大きな理由で、悪いタイミングが重なったことや、運営していた団体のメンバーが高齢になっていたことも理由になりますが、大きな原因は所有者さんにずっとご負担をかけていたからだと思います。もし、きちんとした関係を築けているのなら、息子さんだって理解を示してくださったと思います。なにより、団体として、家賃が発生しても支払できるだけの体力をつけるべきだったのでしょう。ずっと地域の子育てを牽引してきたのに、無くなる時は一瞬です。居場所というのは、無くなってしまうと、地域の資源も失われてしまいます。場所によっては、町の雰囲気や子育ての文化もなくなってしまうかもしれません。持続可能な居場所にするためにも、無料の場所を探すよりも、自分たちで運営できる範囲の場所を探すようにしてほしいです。最初から依存する先ではなく、一緒に耕せる場所こそ、親子カフェにふさわしいと思います。

自転車置き場とベビーカー置き場

ママならではの問題として、自転車置き場とベビーカー置き場があります。親子カフェにくる方は、自転車、ベビーカー、または子ども用自転車をお持ちになっていらっしゃいます。ベビーカーは、たたんで入口に置いていただいています。理想としては、たたまないで駐車できれば良いのですが、そこまでのスペースは確保できませんでした。自転車置き場は、基本的に近所にある公営自転車置き場を利用してもらっています。ほとんどの方は、公営自転車置き場に置いているのですが、初めての方や時間がない方などは1階部分に駐車してしまう方もいます。自転車がたくさん置いてあると、近隣のご迷惑になるので、こんな対策をしています。

- ホームページなどで、自転車は置かないようにアナウンス
- お店の入り口に自転車置き場に置いていただくように張り紙

●店長から「自転車で来ましたか」と声掛け

三つの方法で対策していますが、それでも置く方はいらっしゃいます。都内では駅前の自転車放置対策も厳しく、路上に置いてあるだけで撤去されてしまいます。

お客様の自転車のことを考えると、公営自転車置き場に置いてもらうのがベストな選択肢なのです。一方で、公営自転車置き場は親子自転車を置くスペースが限られていたり、重いので盗難防止ロックに乗せるのが大変でもあります。自転車でフラッと来て、自由に止めて、親子カフェに入るというのが理想なのですが、都会には自転車を置けるだけのスペースがある物件はありません。自転車のことは都会ならではの問題だと思います。逆に考えると、親子自転車が自由に置けるというのも、「メニューにないメニュー」になりますので、ママの気持ちをグッとつかむ理由にもなります。ですから、親子カフェの立地としては、お客様がどんな方法でやってくるかも考えた方が良いですね。

以前、東北の自治体の方がお話を聞きにこられました。地方には公民館しかないので、親子カフェのような子育て施設をつくりたいとのことでした。土地柄、ママは自動車で移動されるので、駐車場は必須。冬の寒さを考えると、駐車場と外にでなくても入れるようにするハード面の工夫と、来店したときに長居できる仕組みを提案しました。地方だと、自転車や自動車の駐車スペースは困らないと思いますが、その代わり、遠くから来ても満足できる施設づくりを考える必要が出てきます。

長く続ける秘訣

場所選びで大切なのは、経営という面からだけではなく、地域の中で長く続けられる場所ということです。地域とつながり、地域と関わることは、忘れてはいけません。

一般的な飲食店は、地域とのつながりはお金しかありません。ですから、人が来なくなって、売上の見通しが立たなくなったら閉店します。空いた場所には、また別の飲食店がやってきて、またお金とサービスの交換をするだけになります。

カフェや居場所は、お金とサービスの交換だけではありません。特に親子カフェは、体験や人生を扱う場所です。赤ちゃんが初めて立った場所、ママ友ができた場所、ここに来ると安心できる隠れ家など、ママにとっては思い出だったり、人生の一部が残っている場所。だからこそ、長く続ける工夫が必要なのです。経営が成り立たないからといってすぐに止めてしまうようでは、居場所にはなりません。

居場所になるには、どうしても時間が必要です。そして、時間がかかる分、人との関係性が大事になってきます。お客様を「お金を払う人」とだけしか見ていないのなら、関係性は豊かにはなりません。一緒に場所をつくっていく人と考えると、自然と大切に感じるはずです。これは、お店にやってくるママたちだけではなく、同じ地域に住んでいる講座の先生、病院のお医者さんや助産師さん、いつも買っている八百屋さんなども同様です。隣のお店、町内会や商店街の方、警察や消防、行政など、関係する方はたくさんいらっしゃいます。地域の中の皆さんと上手に関わっていくことで、居場所はよい安心できる場所になっていきます。これは、長く続ける秘訣でもあり、関係性を豊かにするだけではなくて、経営的にもメリットが多いです。

町の中で認知が広がっていくと、告知のコストが省けるのです。スーパーの店員さんが親子連れを見ると、「親子カフェは、この近所にありますよ」と声掛けしてくださったり、駅前の交番は道案内をしてくれます。私たちがわざわざ告知をお願いしたわけではないのですが、自然と教えてくださっています。元々、商店街というのは、こういうお勧めのお店の教えあいというのはありましたよね。地図がなくても店員さんに聞けば、お店を教えてくれるものです。こんな感じで、教えていただいているのも、日頃から付き合いがあって、ある程度の信頼を培っているからこそだと思います。親子カフェに行った帰りに、スーパーマーケットに寄る方も多いですので、私たちもスーパーもママにも良いことは連鎖していますよね。

また、御近所のお付き合いや隣のお店と仲良くなっていくとリスクも回避できます。私たちは一度もないのですが、場所によっては、子どもがウルサイと文句を言われることもあるでしょう。先ほどの自転車の例もそうですよね。たくさん親子自転車が止まっていたら「景観に悪

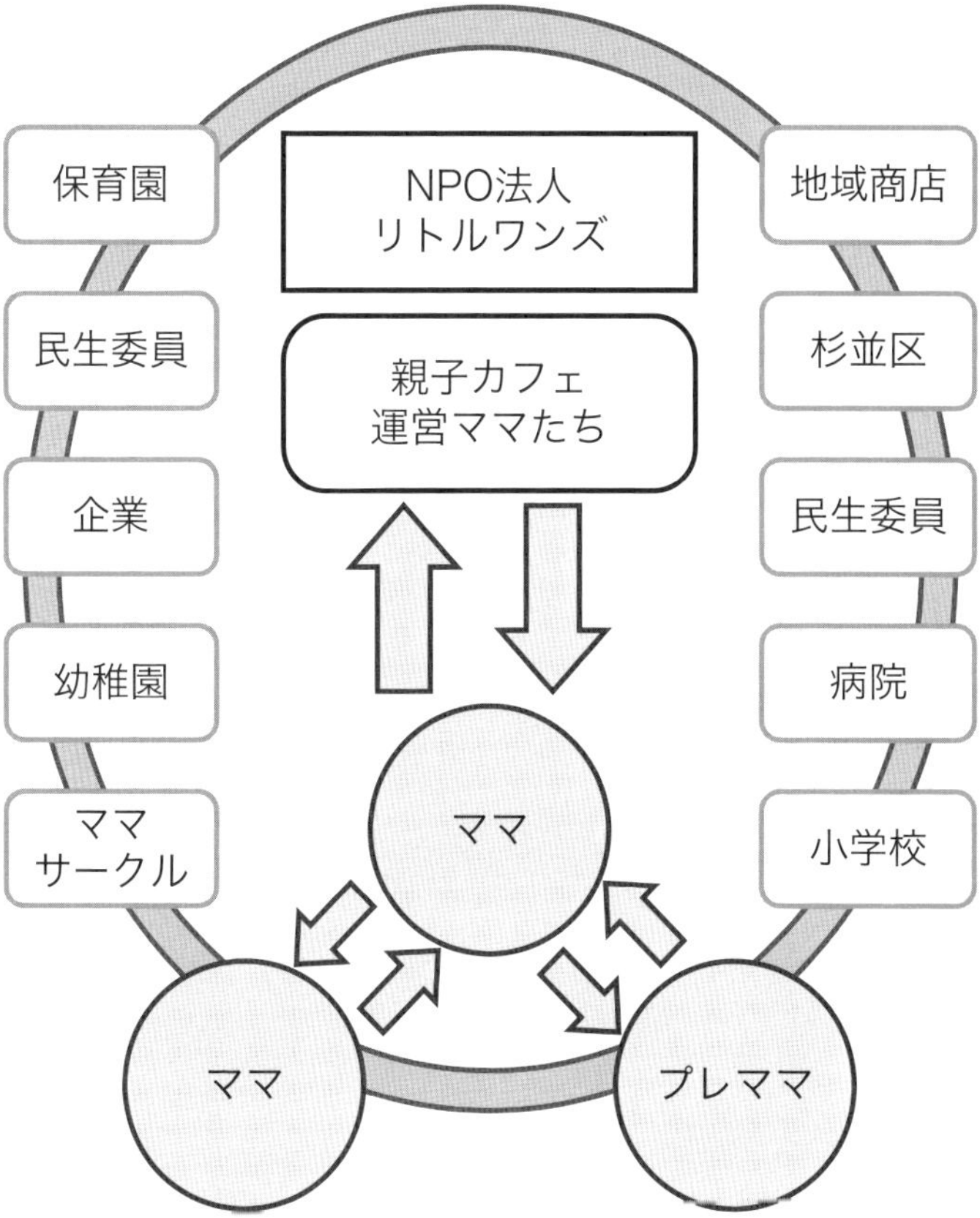

「おやこカフェほっくる」と地域の関係

いな」「危ないな」と思われてしまい、トラブルに発展することもありえます。

しかし、ご近所さんとうまく関係性を保っていれば、「ここは、赤ちゃんが集まる場所だから、多少うるさいのも仕方ないいな」と配慮もしてくださいます。もちろん、一方的に迷惑ばかりをかけるのはいけないことです。なんとなく、お互い様の気持ちになれるのは、お互いによく知ることから始まると思います。

地域で居場所をつくるというのは、自分たち自身も地域とうまく付き合うことから生まれます。他人との付き合いはシガラミがあるので、面倒なこともありますが、良いことも結構多いもので、しかもお互い様です。私たち居場所をつくる側が地域とうまく付き合っていると、自然とママも地域に出やすくなります。地域の方をご紹介できますし、ママたちも「この場所は地域に愛されているな」と気づくと、より安心できますよね。「おやこカフェほっくる」は、母体がＮＰＯ法人ですので、地域の方や行政機関などにさらにコネクションが豊富です。ママたちが地域でイベントをしたい時に、交渉役になることも多いです。地域で活躍するママが増えると、さらに告知してくださるので、お客様も安定していらっしゃいます。こういう循環が自然と起きるようになると、居場所としては申し分ないです。

立ち上げまでのスケジュール

「親子カフェの作り方講座」をしていて、受講生の皆様が最もワクワクするのは、立ち上げまでのイメージづくりです。こんな場所をつくりたいと、互いに話している姿は、聞いているこちらも嬉しくなります。お店でも、居場所でも、出来ない企画はないと思っています。「切り口」「タイミング」「人」さえあれば、どんなことも出来て、お金は後からついてきます。この本は、どちらかと言えば、ノウハウを提供するというよりも、切り口（新しい考え方、気づかなかった他の面）をお伝えしています。居場所をつくろうと思ったら、その気持ちのままに次のことをしてみてください。

①先輩のお店を見てみよう

親子カフェ、子育て拠点、居場所、たまり場など、自分が理想とする形態を見にいってください。先輩のお店を訪ねるのです。お店づくり、雰囲気、お客さんの顔、立地、コンセプトなど、自分自身で身体を使って観察することで、多くのことを学べるはずです。

実際に見にいくのは、居場所だけではいけません。運営しているウェブサイトも見てください。どれくらいの人が集まっているのか、更新は頻繁なのか、お客様からの声はどれだけあるのかなど、注目すべき点はたくさんあります。サイトの見栄えなども大事ですが、お客様の声が載っているなら、ぜひ参考にしてください。お客様は、来店して満足すると、感謝の気持ちを伝えてくれます。喜びの声が多いのなら、人気店として認識されます。さらに、お客様の感謝に共通点があれば、それはお店の強みと言ってよいです。「美味しかった」という声が多いのなら、ランチ自慢というブランドが確立できます。お客様の声の中には、目的やメリットに評価をしたものもあります。「店長の対応が良かった」「安心できる場所だった」のような声が集まるのなら、それも強みになります。

運営している側から言うと、お客様の声はきちんと分析しています。声が集まれば強みになり、他のお店や場所との差別化ができます。ブランドというのは、自分の店を目立たせることでもなく、モノやサービスでお客様をツルことでもなく、お客様の声によって自然に生まれてくるのです。子どもが好きそうな玩具をそろえたり、「割引サービス」など、お金だけでお客様を引っ張ろうとすると、ずっと同じ方法をとらざるを得なくなります。さらに、お金だけで手に入れられるサービスなどは他店でもまねできるので、自分たちのブランドにはなりえません。

「この親子カフェに来るママは、こんな目的を持っている」という声は、選ぶ目安になります。こうして、お客様の声があると、初めていく人の不安も取り除けます。

もし、クレームのコメントがあるのなら、それも大事なポイントです。共通するクレームがあれば、お客様の多くが感じる可能性があるものです。そして、いつも書かれているのなら、改善していないという証拠になるので、お店の現状もわかります。クレームの対応にも注目してください。先輩のクレーム処理は参考になるからです。もう一つ、クレームから、お客様が何を求めているのかもわかってきます。クレームは必ずあります。クレームをお客様からの文句と捉えると、運営側としてはガッカリして凹むだけです。文句ではなく、改善点の指摘と考えると、建設的に応対もできてきます。「おやこカフェほっくる」で言うと、「食事ができるのが遅い」というご指摘がありました。店長が独りで対応しているので、どうしても早くランチを出すには時間がかかってしまっていたのです。おまけに、先に1人に出して、後から順番に出すと、食べる時間がまちまちになるので、お友達同士で来ているお母様にとっては困ります。友達が食べている間、待っているのもつらいですよね。これを改善するために、事前にサラダを取り分けておく、スープを先に出す、大人数でご予約のお客様には配膳を手伝ってもらうなど、工夫が生まれました。一般の飲食店だと、7分以内に料理を出すようになっているそうです。親子カフェは、入店してからしばらくは時間が稼げます。お子さんを降ろしたり、玩具で遊ばせたり、お友達同士でおしゃべりをするからです。しかし、だからといって、ノンビリし

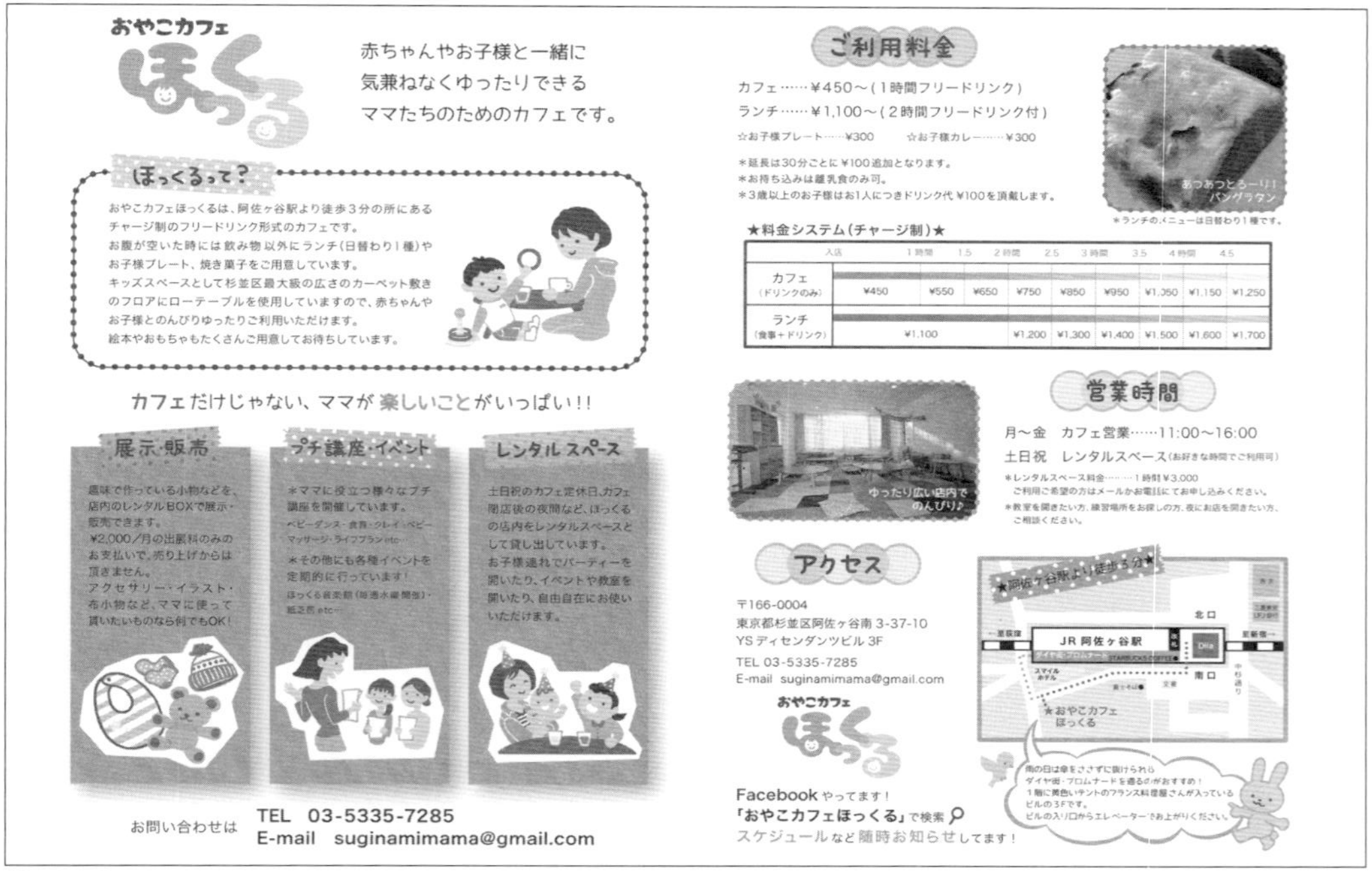
おやこカフェ
ほっくる
赤ちゃんやお子様と一緒に
気兼ねなくゆったりできる
ママたちのためのカフェです。
ほっくるって？
おやこカフェほっくるは、阿佐ヶ谷駅より徒歩３分の所にある
チャージ制のフリードリンク形式のカフェです。
お腹が空いた時には飲み物以外にランチ(日替わり１種)や
お子様プレート、焼き菓子をご用意しています。
キッズスペースとして杉並区最大級の広さのカーペット敷き
のフロアにローテーブルを使用していますので、赤ちゃんや
お子様とのんびりゆったりご利用いただけます。
絵本やおもちゃもたくさんご用意してお待ちしています。
カフェだけじゃない、ママが楽しいことがいっぱい!!
展示・販売
趣味で作っている小物などを、店内のレンタルBOXで展示・販売できます。
¥2,000／月の出展料のみのお支払いで、売り上げからは頂きません。
アクセサリー・イラスト・布小物など、ママに使って貰いたいものなら何でもOK！
プチ講座・イベント
＊ママに役立つ様々なプチ講座を開催しています。
ベビーダンス・食育・クレイ・ベビーマッサージ・ライフプランetc…
＊その他にも各種イベントを定期的に行っています！
ほっくる音楽部(毎週水曜開催)・紙芝居etc…
レンタルスペース
土日祝のカフェ定休日、カフェ閉店後の夜間など、ほっくるの店内をレンタルスペースとして貸し出しています。
お子様連れでパーティーを開いたり、イベントや教室を開いたり、自由自在にお使いいただけます。
お問い合わせは　TEL　03-5335-7285
E-mail　suginamimama@gmail.com
ご利用料金
カフェ……¥450～(１時間フリードリンク)
ランチ……¥1,100～(２時間フリードリンク付)
☆お子様プレート……¥300　☆お子様カレー……¥300
＊延長は30分ごとに¥100追加となります。
＊お持ち込みは離乳食のみ可。
＊３歳以上のお子様はお1人につきドリンク代¥100を頂戴します。
あつあつとろ～り!!
パングラタン
＊ランチのメニューは日替わり１種です。
★料金システム(チャージ制)★
入店　１時間　1.5　２時間　2.5　３時間　3.5　４時間　4.5
カフェ(ドリンクのみ)　¥450　¥550　¥650　¥750　¥850　¥950　¥1,050　¥1,150　¥1,250
ランチ(食事＋ドリンク)　¥1,100　¥1,200　¥1,300　¥1,400　¥1,500　¥1,600　¥1,700
ゆったり広い店内でのんびり♪
営業時間
月～金　カフェ営業……11:00～16:00
土日祝　レンタルスペース(お好きな時間でご利用可)
＊レンタルスペース料金………１時間¥3,000
ご利用ご希望の方はメールかお電話にてお申し込みください。
＊教室を開きたい方、練習場所をお探しの方、夜にお店を開きたい方、ご相談ください。
アクセス
〒166-0004
東京都杉並区阿佐ヶ谷南3-37-10
YSディセンダンツビル3F
TEL 03-5335-7285
E-mail suginamimama@gmail.com
おやこカフェ
ほっくる
Facebookやってます！
「おやこカフェほっくる」で検索
スケジュールなど随時お知らせしてます！
★阿佐ヶ谷駅より徒歩５分★
JR阿佐ヶ谷駅
北口
南口
←荻窪
新宿→
STARBUCKS COFFEE
スマイルホテル
中杉通り
★おやこカフェ
ほっくる
雨の日は傘をささずに抜けられるダイヤ街・プロムナードを通るのがおすすめ！
１階に黄色いテントのフランス料理屋さんが入っているビルの3Fです。
ビルの入り口からエレベーターでお上がりください。

「おやこカフェほっくる」のチラシ

ていたら、お腹もすいてしまいます。出来る限り、7分以内に出せるように、工夫をしながらランチをつくっているのが現状です。

先輩のお店のチラシも参考になります。できることなら、良いなと思ったチラシを持って帰ってきてください。自分でチラシをつくるときのモデルになります。チラシをゼロからつくるのは本当に難しいです。デザイナーさんを雇ったり、自分でチラシをつくるスキルがあれば良いのですが、ない時には先輩のチラシを参考にしてみます。デザイナーさんに頼むときも、持ってきたチラシを見せて、「こんな感じでつくってください」と言えば、わかりやすく発注できます。デザイナーさんが悩むのは、発注者のイメージが分からないからです。「集客できるように」とか「親子が喜ぶような」とフワっとしたイメージではつくりにくいのです。そんな時に参考になるチラシを見せて、「ココとココは、このチラシを参考にして。色は、このチラシを参考に」と伝えると分かりやすくなります。

②コンセプトを立てよう

コンセプトというのは、一言で言えば、お店の中身、文化、雰囲気のことです。来てほしいママ、子どもたちは、どんな人ですか？

どんなものを提供したら、喜ばれるのでしょう？

他店にはないものって、なんだろう？

以前にもお伝えしましたが、お客様が望んでいることと、お店がやりたいことのバランス、お客様が望んでいることには、ニーズとウォンツがあることなども気にしてください。イメージだけで終わらせてはダメです。具体的に、ニオイが感じられるほど、細かく書いていってください。先輩のお店も参考になるはずです。先輩のお店で真似したいところは、ありますか？この辺りは、参考にしないで、直したいなという部分もあるでしょう。どんなことでも、先輩がいるのはありがたいものです。先輩のつくった居場所をよく観察してみてください。もし、独りで考えるのが難しいのであれば、周りの方にも聞いてみましょう。私たちも、つくる前に杉並区内、ママサークル、幼稚園関係者、小学校教師、親子サークルなどの代表に聞いてきました。どんな居場所が欲しいのかを事前に聞けたので、とても参考になりました。以前あった親子向けの居場所に来ている人たちにもアンケートをとって聞いてみました。

アンケートやヒアリングをしたら、得られた意見をそのまま実行するのではなく、運営や経営のことも考えなければなりません。「いつでも500円で使わせてほしい」などの声も多かったのですが、これでは収益になりません。「お遊戯の練習場所や、ママたちのたまり場にしてほしい」という意見もありましたが、特定の集団だけが使える場所になってしまうと、赤ちゃん連れのお母さんや新規の方は入りにくいですよね。

アンケートテンプレート

お客さまの声を聞かせてくださいませんか♪

この度は、○○講座にご参加いただきまして、誠にありがとうございます。まだ参加したことのないママたちにも、本日あなたが体験したことをシェアしたいと思います。もしよかったら、「今日楽しかったこと」「気づいたこと」などをお聞かせ願えませんか？今後の企画にも反映したいと思っています。どうぞよろしくお願いいたします。

①講座を受ける前には、どんなことで悩んでいましたか？

※今のニーズがわかります。次回、「悩み」を解消する商品、講座を提供する。

②何がキッカケで、この講座を知りましたか？

※お客様が使っている媒体がわかる。

③「ここが好き、ここが楽しかった」というところをお聞かせください

※裏付け。ターゲットが使ってみた後の変化、感想がわかる

④「この講座をこうしたら、もっと良くなるな」と思った点があったら聞かせて下さい

※不安要素やクレームがわかります

⑤この講座にきた決め手は、なんでしたか？

※強み。お客様が動いた理由がわかります。

■お客様の声をお店の広告やニュースレターに載せてもよろしいでしょうか？もちろん、プライバシーを配慮し、仮名です。

YES OR NO

お名前　　　　ご連絡先（メアド）

アンケートにご協力いただきまして、誠にありがとうございました。

このアンケートでいただいた個人情報は「　　　　」が細心の注意を払って管理いたします。また、ご本人への事前の許可なく第三者に個人情報が開示・利用されることはありません。

コンセプトづくりで大事なのは、中心となるものがブレないことです。「おやこカフェほっくる」だと、「お母さんが主役、プロデューサーであること」「安心して、学べて、楽しめて、ご飯を食べられる場所」「つながりを実感出来る場所」「長く続けられること」を主軸に、やっていきたい講座や雰囲気づくりなどを付け加えていきました。

ちなみにアンケートは、お店をつくってからも、行ってください。おりにふれて、お客様の声を聞かせてもらうのは大事です。139頁のアンケートのフォーマットを直して使ってみてください。お客様に聞く時には、ネガティブなことを聞かないのがポイントです。お店の悪い点は、「ここを直したら、もっと良くなる」という視点で聞いていくのです。「お店の良い点、悪い点を教えてください」と聞くと、悪い点ばかりに注目して書いてくれます。こうなると、お店に対する意識も悪くなってしまいますよね。足りないところは、必ずあります。でも、悪いところよりも、改善できるところを探してもらう方が、お互いにとって良くなります。

③資金計画を立てよう

お店を開くために必要な資金を描いて、計画をたてます。開店前、開店中、開店して1ヵ月と、お金の使い方は違います。実際にやってみると分かることもあるのですが、まずは予想を立ててください。

親子カフェは消耗品が多いです。ティッシュ、タオル、ナプキン、トイレットペーパー、ゴミ袋など、たくさんの人が利用するので、どんどんなくなっていきます。これらを、なくなる度に買っているのは運送代がムダになりますよね。ですから、まとめ買いをすることをお勧めします。

資金計画は、一般の飲食店の方法が参考になります。飲食店をつくるつもりで計画をたてて、そこから要らない部分（調理器具が揃っているなら、その部分）を引いていくと分かりやすいと思います。子どもがやってくるので、保育園にも似ているのですが、飲食がある分、保育園の事業計画は参考にはなりにくいです。その代り、保育園で使っている用具や工夫（消耗品のまとめ買い、除菌グッズの仕入れ先など）は参考になります。保育園と飲食店の良いところを合わせたのが、親子カフェなのかもしれません。

④立地をさがそう

ママが来やすい場所を探しましょう。自分の足をつかって、歩き回ってください。

立地については、前項を読んでくだされればわかったと思います。カフェという言葉にとらわれる必要はないです。私たちが、「親子カフェ」と名乗っているのは、二つ理由があります。一つは、カフェのように居心地の良い空間、本来のカフェのように、誰でもあつまって関係が生まれる場所を意識しているから。もう一つは、無料ではないことを伝えるためです。「親子のたまり場」「子育て発信所」「育児スペース」のような名前だと、サービスが無料のようなイメージがつきやすくなります。ですから、一般のカフェのように、頼んだら、お金が発生することをイメージしやすいように「カフェ」と付けています。一方、カフェという名前にこだわり過ぎて、1階の物件を探し回る必要はありません。カフェであっても、2階以上にあるお店はたくさんあります。私たちの場所は、3階にありますが、エレベーターがあるのでスムーズに来店してくださっています。一般的に、1階は家賃が高く、階層が上がるごとに安くなります。また、1階は飲食店や店舗も狙っているので、手に入りにくいですし、なにより高いです。

立地で言うと、自宅を使いたい方もいらっしゃいます。自宅であれば、家賃もかかりませんし、調理器具を買う必要もないのでコストを抑えられます。コスト面では掛からないかもしれませんが、はたして居場所としての機能はつけられそうですか？　一緒に住んでいらっしゃる方の同意はありますか？　ご近所の方のご意見は同じでしょうか？　たくさん人が来ても耐えられる物件ですか？　初めての人でも行きやすい場所だったり、安全な道でしょうか？　自宅を改装して、地域に開いている方もいらっしゃいます。成功していらっしゃる方の例を見ていると、長い間、地域で活動をしていらっしゃっていて、ご近所とも顔馴染みだったり、協力者も多い方です。行くまでの道順も、奇跡的に悪くなかったです。逆に、あまり人が来ていない自宅開放型の親子カフェは、住んでいる方の日常が近すぎるように思えます。当たり前ですが、住んでいらっしゃるので、日常を感じるものが目に付きます。洗濯物、使い込んだ食器、カレンダー、年季の入った玄関やトイレ。「親戚の家に遊びにいけるカフェ」というコンセプトで運営していれば、来る人も納得すると思いますが、慣れない人は日常感があふれる場所には行きにくいでしょう。コストが掛からずに運営できるので、ますます日常感は増していきます。運営する方としても、自分のペースでラクに出来るので、続けやすいのかもしれません。運営する側としては、自分がつくった場所がどう映るのかも意識したほうが良いと思います。来る人たちの気持ちもわかってくると、居場所に足りないことも見えてくるはずです。自宅開放型は、立地を選べない分、不利なところがあります。それをカバーできる「価値をつけられる」のか、そして「価値は押し付けではないのか」が鍵になると思います。

⑤お店のサービスを考える

コンセプトのところにも似ていますが、どんなサービスを提供できるのか考えてください。サービスはメニューや物品だけではないですよ。オムツ替えスペース、フリードリンク、ママ向け雑誌などなど。お店のブランドになるサービスを考えてみましょう。サービスは、大きく分けると、絶対に必要なものと、あると嬉しいものの2種類になります。

絶対必要なサービスって、なんでしょうか？　これは、居場所によって異なりますので、自分がつくりたい居場所を思いだしてくださいね。あると嬉しいサービスは、割引や来店記念などです。お客様からの声に応じて、入れ替えしていきます。この部分が増えると、満足度が高まります。一方、必要なサービスはあっても満足度は高まりません。ないと怒られます。あるのが当たり前だからです。「おやこカフェほっくる」だと、お客様が自由に過ごせるというのは「あると嬉しいサービス」になります。このサービスは、お客様にも、ある程度の選択権があるので、全員が受けているとは限りません。それに、配膳を手伝ったり、隣のお客様と話せるのは、お客様にとっては嬉しいことですが、中にはニガテな方もいらっしゃいます。あると良いサービスは、複数用意しておいた方が良いと思います。

⑥お店の見た目を考える

コンセプト、サービスを考えたのなら、どんな内装にするのか考える番です。機能的で使いやすいレイアウト、落ち着くレイアウトなどを、見取り図があるのなら書き込みながら考えてみましょう。立地やお店の候補地があがったら、今度はお店の外から見た目を考えてください。

居心地の良さから、ソファを入れようと思ったことがあります。色や大きさを考えて、あと一歩で購入というところで、「移動させるときに重い」とナシになりました。そのおかげで、部屋にあるのはクッションのみ。レンタルスペースもスムーズに行えるようになりました。電子ピアノは、あとからリトミック用に設置されました。部屋の壁に挟まるサイズなので、邪魔にもならず、子どもたちにも先生たちにも好評です。

見た目で言うと、お店のロゴはデザイナーさんに依頼しました。みんなが目にするものなので、わかりやすく可愛いものにしたいと思ったからです。ロゴが完成すると、お店のコンセプトカラーも決まってきたので、調度品選びはラクになりました。見た目というのは、目立つためというよりも、お店の個性を出すものと考えた方が良いです。目立つことだけを考えているとどうしても派手になります。看板が控えめでも、広報戦略がしっかりしていれば、集客にも困りません。目立つことよりも、一目で親子がすごす場所だと分かることを目指してください。

注意書き。子どもだけでなく、大人にも向けています。こちらも視認性とやわらかい感じを大事に

ほっくるロゴ。やわらかい感じでカラフルに仕上げています

⑦工事、食材、物品の注文先を見つける

いままで考えたのはお店の下書きです。ここからは、具体的に必要なものを揃えて行きます。内装をかえるなら、プロに頼んだ方が良いですし、食材もこだわるなら探しに出ましょう。こういうときも、先輩は頼りになります。聞いてみたり、紹介してもらってください。お店の内装に関しては、予算次第です。お金をかけても、お客様が来るとは限りません。内装は、すぐに飽きられてしまうからです。ですから、ものすごい内装の親子カフェは、資本があるところに任せて、まずは自分とお客様が居心地のよい内装を目指した方が良いと思います。

7

気になるお金のこと

失敗しない運営の工夫

居場所の「運営」と「経営」のノウハウ

「お店がやりたいこと」「お客さんが望んでいること」の丁度良いバランスをとることは、とても大事です。一般的なカフェと異なり、子育ての居場所は「思い」が強すぎるために、経営が上手くいかないように見えます。

ある子育て拠点は、地元でずっと活動してきたママサークルの方が、若いお母さんのためにとつくりました。経営している団体も高い評判を持っていましたし、代表さんも子育ての専門家でした。でも、3年も持たずに閉店してしまいました。子育てについて詳しいので、やってくるお母さんたちは悩んでいる方が多かったそうです。その悩みを聞いてあげて、アドバイスをする場所になっていきました。子育ての悩みを聞く場所は、すごく大事で価値のあるものなのですが、ともすれば、子育ての塾のような形になってしまいます。もし、塾として運営していけば収益もあげられたのですが、経営の方法が居場所だったので、相談料金も取ることができず、どんどん経営難になっていきました。主催者の思いが強すぎるために、思いに共感できる人しか来なくなったのも閉店理由の一つです。「お店がやりたいこと」が強すぎてしまったのでしょう。

親子カフェの運営には、居場所のノウハウと、お店づくりのノウハウの両方を知る必要があります。便宜上、「運営」と「経営」と言っています。居場所の運営方法を知っていても、経営の方法を知らないと長続きしません。一方で、経営だけが強くても、やってくる人はお客扱いしかされずに、地域に根差すことはありません。親子カフェは、居場所であって、しかも相手はお母さんたち。だからこそ、特化した情報と方法が必要です。

回転率と単価

そもそも、居場所づくりは回転の良いビジネスではありません。一般のカフェを見てみましょう。店員さんがいて、注文を取りにきて食べ物も運んでくれるカフェと、お客様自身が注文して食べ物も運ぶカフェを比べてみると、なんでもやってくれるカフェの方が長居します。自分で持っていくタイプのカフェだと滞在時間は30分くらいで、なんでもやってくれるカフェだと1時間は超えると思います。お客様の回転数を考えると、自分で持っていくタイプのカフェの方が早いです。一つの注文の額が低いので、回転数をあげると、売上もあがっていきますよね。３００円のコーヒーでも、１日に来るお客さんが多ければ、カフェとしてやっていけるわけです。

カフェが売上を伸ばす方法としては、この回転数を上げるか、注文の単価をあげる方法があります。最近では、サンドイッチを置いてあるカフェが当たり前になりました。これは、コーヒーしか頼まないお客様に単価の高い商品を買ってもらうためでもあります。さらに、テイクアウトの商品にもなるので、お店としては売上確保のためのありがたい商品になります。こうして、回転率をあげて、単価を上げる、テイクアウトの商品をつくるほかに、お客様の客層や時間に合わせて、売る商品を変えるカフェもあります。昼間はカフェのみで、夜はガッツリとした夕食向けの商品を出すような形です。バーや居酒屋さんでも、昼と夜で出すものは変えていますよね。お客さんのニーズに合わせていると同時に、お店としての売上確保の方法でもあります。

高単価の落とし穴

回転率を上げられるカフェでは、いくつかの方法が行われていますが、親子カフェではどうやったら良いのでしょう。居心地を求めているので、回転率は良くありません。そうなると、単価を上げる方法が浮かびます。ここに落とし穴があります。居心地を求めているのに、単価を上げたらお客様は帰ってしまいます。もし、居心地の良さと単価を上げることをセットにするなら、それ相応の居心地（高いソファ、立派な調度品、質の高いサービスなど）をセットにしなくてはなりません。実際に、セットにして経営している親子カフェもあります。

親子カフェや子育て拠点の経営の失敗は、回転率の悪さを単価でカバーしようとするからです。ある親子カフェは、回転率の悪さを見越して、ランチに3000円を付けました。最初の1年は珍しいということで、お母さんたちも行きましたが、2年目に潰れてしまいました。ランチに3000円を出すには見合わないと思われたのです。さらに、お母さんを相手にしている時に忘れてはならないのが口コミです。「あの、親子カフェはオシャレだけど3000円もするのよ！」と地域に広がって、利用者は激減しました。料金体系も経営のことだけを考えていたのもマイナスです。お子さん向けのジュースが一杯300円でした。お子さんはよくこぼしますよね。たとえ、こぼしても御代わりには300円を徴収していたのです。となると、こぼしてから一杯しか飲んでないお子さんでも、600円も取られます。これでは、お母さんも緊張して、くつろげません。

ただし、経営から見ると、単価を上げたり、細かな商品（お菓子、ジュースの御代わり、着替え、オムツ交換など）でお金をとるのは正しい方法です。経営的には正しくても、親子カフェには向いていなかったのです。

時間制料金とレンタルスペース

私たちは、料金体系を時間制にしています。長くすごしたい方が多く、回転率は上げられないので、時間によって加算する仕組みです。30分ごとに100円ですが、1日過ごしても大きな金額にはなりません。お母様たちはお酒を飲みません。母乳中の方が多いのも理由でしょうが、飲み会やイベントの時には飲む方が多くても、ランチに飲む方は少ないです。飲食店では、お酒の売上が大きいのですが、親子カフェではお酒を頼りにできないです。

その代わり、親子カフェは体験をウリにできます。質の高い体験や講座には、人も集まってきますし、講座の単価も高くなります。私たちは、レンタルスペースという方法で、講座の先生から場所代をいただいています。こういう形は、一般の

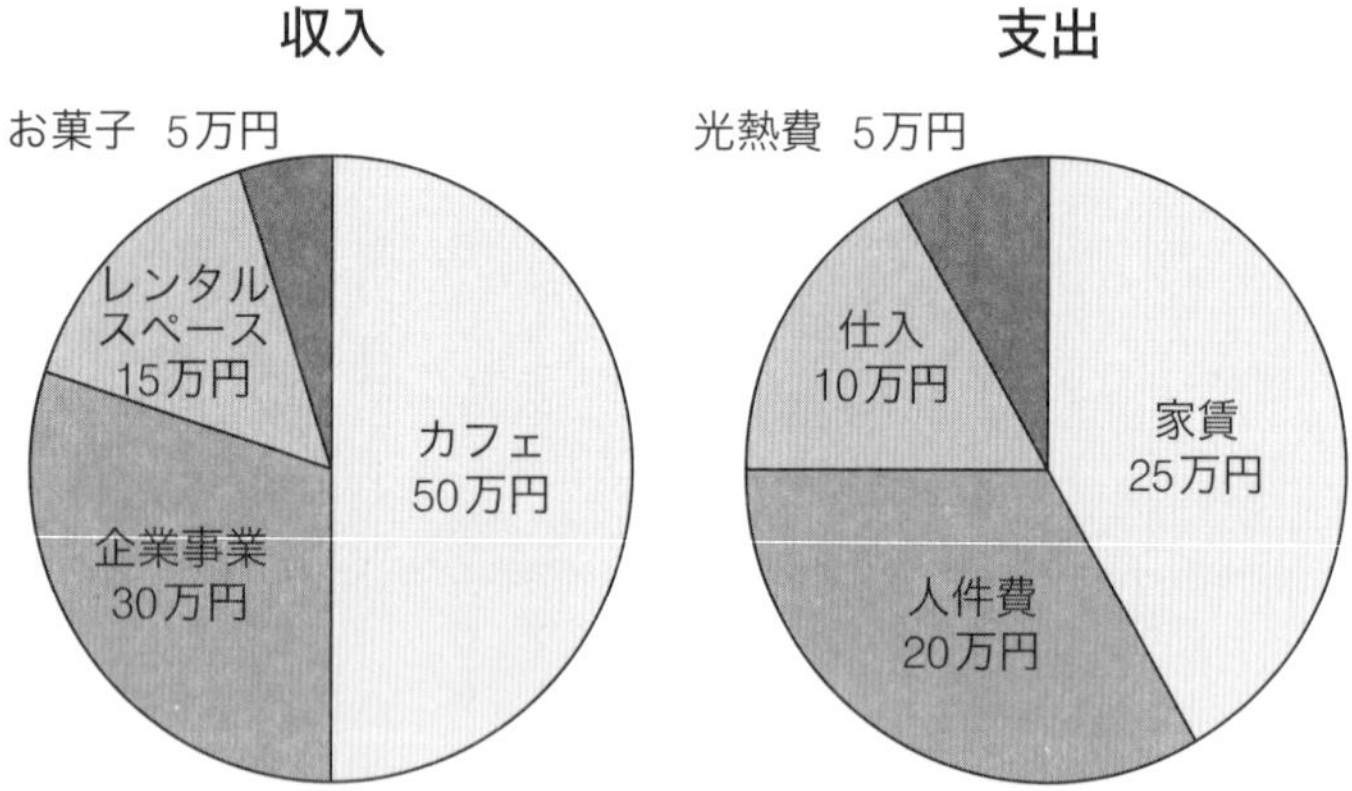

「おやこカフェほっくる」の収支内訳

カフェでは出来ないことだと思います。

平均的な月間の収入と支出は、前頁の図のようになっています。駅前にあるので、家賃にお金が掛かっていて、仕入れにはあまり掛かっていません。これは、安いものを提供しているからではなく、店長たちの工夫の成果です。マクロビや天然由来の食材を使っているので、一般のスーパーで買うよりも食材にはお金が掛かっているのですが、調味料や道具などは自分で持ってきてもらっています。それぞれ、こだわりのものを使いたいということなので、お店では用意していません。お店にあるのは、最低限の調味料と道具のみです。また、使わなかった食材を次の曜日で使ってもらっています。曜日ごとに店長が情報交換しているからこそ、できる工夫ですよね。

親子カフェの商圏は広め

親子カフェは、駅から近ければ、それだけお客様も来やすいのですが、「駅近」は必須の要件ではありません。商圏という考え方があります。商いをするエリアですね。一般的なカフェでは、商圏は狭いです。駅から近くの方のみを集めるかたちです。一方、フレンチレストランや有名店の商圏は広め。ふだん行かないようなエリアにあっても、わざわざ足を運んで食べにいくからです。

親子カフェは、どちらかと言えば、商圏は広めです。そこでしかできない体験をするために、お客様はやってきてくださいます。でも、気を付けるのはアクセスです。駅が近くなくても良いですが、行くまでの道順がシンプルだったり、普段から、お客様が利用している場所（スーパー、学校、幼稚園など）から近いのが理想です。

狭いスペースを最大限活かす方法

お店のサイズが大きければ、レンタルスペースで収益をあげることもできるのですが、狭いとうまくいきません。どうしても利用法が限定されてしまいます。さらに、お店が狭いと、やってくるお客様も固定してしまったり、縄張りのようになってしまって、新規のお客様を呼びにくくなってしまいます。

もし、お店自体のスペースが限られているのなら、なるべくデッドスペース（使っていない場所）を減らすことと、24時間使うこと、会員制にすることの三つをお勧めします。デッドスペースは、案外生まれてしまいます。お客様が入れるだけのスペースがあるのに、オブジェが飾ってあったら、もったいないですよね。狭いから、お客様を入れるだけ入れるために、デッドスペースを減らすのではなく、お店の広さを最大限に使うためです。お店の広さは資源です。ですから、場所だけと考えないで、時間の方からも考えてみましょう。夕方までしか使っていないのなら、夜は他の方にレンタルすることもできます。

「おやこカフェほっくる」だと、朝から夕方まではお母様と赤ちゃんの場所、夕方から小中高生の場所として機能しています。お習字教室、バイオリン教室、学習の場、10代の居場所のように機能しています。ただでさえ回転率の悪い形態のうえ、場所が狭いとお客様の数も少なくなるので、1日の売上の確保は難しくなります。なにより、縄張り化が怖いです。「いつも、あのママがいる」「身内みたいで入りづらい」と思われたら、お客様は2度とやってきません。

1日に来るお客様が限られているのなら、それを思い切って利用して、完全予約制にしたり、会員制にすると良いでしょう。会員制ならば、会費を1年に1回、徴収することができます。完全予約制なら

<table>
<tr><th>月</th><th>火</th><th>水</th><th>木</th><th>金</th><th>土日</th></tr>
<tr><td colspan="5">10時から16時まで親子カフェ
お母さんと赤ちゃんの居場所</td><td rowspan="2">リトミック、ダンス、ミュージカル教室
レンタルスペース</td></tr>
<tr><td colspan="5">16時から22時まで小中高生の学びの場
お習字、バイオリン、学習の場、10代の居場所</td></tr>
</table>

「おやこカフェほっくる」の時間割

ば、場所が狭くても、時間によって区切ることもできます。

また、親子カフェという場所を超えた収益確保もあります。たとえば、オリジナルグッズを売ったり、お店で人気のカフェやジャムを売ったりと、お持ち帰りができるモノは収益になります。一つごとの売上は少ないかもしれませんが、収益確保の大事な一つになりますし、お店自体を伝える広告にもなりえます。もし人気の商品があったら、考えてみても良いと思います。

ただし、お持ち帰り商品をつくるために、多大な時間とコストをかけるのは止めましょう。親子カフェのメインは、あくまで居場所です。場所で収益を考えるのを第一にして、その中から人気になってきた食べ物などをお持ち帰り商品にしていきます。一時期、食べるラー油が流行りましたよね。流行りに便乗して、オリジナルのラー油をつくったお店がありました。すごくこだわってつくり、お持ち帰り商品の主軸になると期待していたのですが、そもそも、お客様がお店を知らなかったので、結局、ラー油も売れなかったそうです。お持ち帰り商品から、お店の評判が上がることもありますが、それを期待するよりも、まずはお店自体をよく考えてみてください。自分たちがつくるお店に、どれだけの資源があるのかを気づき、それを大事にしながら、伝えていくことが収益につながっていきます。

企業と仲良くできる方法

親子カフェが飲食店ではないことは、売上でも明らかだと思います。もし、飲食だけで勝負をしていたら、回転率の高いお店でも、一般の飲食店にはかないません。逆に、親子カフェには飲食店では出来ない売上の方法があるのです。ここに気づくか、気づかないかはすごく大きいです。閉店していった多くの親子カフェは、飲食だけで売上を得ようとして、ランチ代を高くしたり、細かく料金をとって、結局、お客様が集まらない状況になってしまいました。

親子カフェは、体験をする場所です。ですから、レンタルスペースという方法で、講座をする先生から場所代を取る方法もできますし、企業との連携もできます。

企業は母親の声を聞きたがっている

多くの企業は、お母様たちの意見が聞きたくて仕方ありません。ある調査では、59%の女性が、「食品業界は女性を誤解している」と思っているそうです（出典：Kelly Skoloda, *Too Busy to Shop: Marketing to Multi-Minding Women*, Praeger, 2009）。ヘルスケア業界66%、自動車業界74%、金融業界84%。高い数字が続きます。企業が考える消費者像と、本当のお客の姿には大きなギャップがあるようです。「もっと、お客の声を聞くにはどうしたらよいんだろう?」「もっと、親しんでもらうにはどうしたらよいんだろう?」

お客の声を聞いたり、認知度を上げるためにショールームや無料サンプルはよく使われます。ですが、お客にとっては面倒です。従来のショールームでは、会場に行かないと商品を体験できませんし、商品サンプルを体験できるイベントも、わざわざ予約して出向かなくてはなりません。商品の展示場、展示場付属カフェ、無料サンプルの発表会では、押しつけの広告だけ。選択が制限されすぎると、買う気も失せてしまいます。企業は、お母さんたちを消費者としてしか見ていません。その結果、どんどん企業とお母さんたちの距離が空いてしまいます。この距離を企業側としても埋めたいのですが、なかなか埋まりません。なぜかと言うと、企業とお母さんの間にたって、仲介してくれる人がいないからです。

親子カフェなら、仲介役になれるだけではなく、押しつけではなく、キッカケから購入までを自然に紹介し、「購入する前に体験する」場所になれます。企業にも、お母さんにも嬉しいですよね。現場で商品を説明していると、お母さんたちも意見を出しやすくなりますし、安心感も出てきます。企業が努力しているところを見られるからだと思います。

親子カフェの言い分、企業の言い分

「おやこカフェほっくる」は、この企業連携を豊富に行っています。母体となるNPO法人に企業連携の経験があるので、そのノウハウを活かしているかたちです。飲食の売上と企業との連携事業があると、親子カフェの売上も安定してきます。他の親子カフェでもやってもらいたいのですが、なかなかうまくいっていないようです。

それぞれ、こんな意見を聞いています。

●親子カフェの運営側

「企業と連携したことがないから、やり方がわからない」

「やったことはあるけれど、すごく安い金額でやらされた」

「企業の色がついてしまうのが怖い」

●企業側

「どこの親子カフェと組んだら良いのかわからない」

「報告書などの書き方が雑なので、頼りにならない」

「パートナーというよりも、場所を提供してお客さんを紹介してくれれば充分」

お互いに言い分があるようですね。こういう状態が続いているのなら、親子カフェと企業が連携するのは難しいのも納得できます。両者のバランスが不一致なのも大きいです。お金を出

企業	業界団体	個人	思想・信条などの集まり
ホテル･レジャー	医師会	コンサルタント	老人会
食品	法人会	公証人	宗教
不動産	税理士会	税理士	エコ活動グループ
建築、雑誌、清掃	労働組合	司法書士	政治
保険、金融など	生協など	個人事業主	

※業界団体、個人、思想信条の集まりについても企業と同様のことが言えます

【今まで】 親子カフェ⇒企業等	【これから】 親子カフェ⇔企業等
お願いするだけの立場 使われる立場 「金の無心をしてくる連中」	問題を解決する仲間 お互いのできることで補完し合う「協働事業者」

親子カフェと企業等の関係

す側と、もらう側に分かれてしまっては、上下ができてしまいます。気づいていない人が多いようですが、実際のところは親子カフェも企業も立場は同じです。どちらが上ということはありません。親子カフェが提供する「親子が集まる場所」「親子が安心して話せる空間、関係性」というのは、企業ではつくれない価値です。企業では出来ないことをやっているのだから、お金を出す企業側が上ということはないのです。ただ、企業としては、効果も判断しなくてはならないので、アンケートをきちんと回収したり、報告書を書いてもらったりと、「企業側の文化」に寄った対応もしてもらいたいのです。

先輩と組む

もし、企業と組みたくても方法がわからないのなら、良い方法があります。それは、先輩と組む方法です。

- 自分が相手にしたいターゲット（顧客）を持っている先輩親子カフェ
- 将来の目標となる先輩親子カフェ
- 参考にしたい先輩親子カフェ

すでに企業と連携して実績のある親子カフェと一緒に事業をしたり、紹介してもらって進めるのです。方法がわからなかったら、質問もできますし、企業とのやり取りの間に立ってもらえれば、事業もスムーズになります。報告書の書き方も、教えてもらえます。NPO、地域団体、サークルなども同様ですが、親子の居場所、親子カフェもお互いにネットワークができていません。その結果、ノウハウがあるところは、どんどん先に進めますが、自分たちだけでなんでもやろうとしたら、やっぱり動きも遅くなります。

企業と連携すれば、収益が確保できるだけではなく、運営のノウハウも身に付きます。もし、自分で企業連携を学んでいったら、すごく時間がかかってしまいます。先輩と組むのは、方法を教えてもらうだけではなく、スピードも早く、コストも抑えられます。こういうことができるのも、地域で運営する親子カフェならではの強みだと思います。近くにいなかったら、遠くの団体に聞けるのも、ネットが当たり前になった時代だからこそです。私たちに聞いてくださってもOKです。

親子カフェの方から提案しよう

企業に対して、「利用してやろう」「味方になってもらえれば得する」など、下心はNGです。それよりも、提案できる対等な関係になってください。企業等の方が優れているように見えても、大きいからこそ足りない所もあります（顧客データを持っているけど活かし方がわからない、ノウハウが時代にあっていない、企業だと出来ない、行政では手が回らないなど）。問題を解決する方法、糸口になるデータや実験、解決できる人材やノウハウなど「もっとよくする」を企業や行政に提案しましょう。提案できるような企業は、以下のようなところです。例えば化粧品の会社なら、こんな提案もできるでしょう。

親子カフェ＋化粧品企業

●親子カフェ
子どもと母親がターゲット、参加者は20～30代、都内中心。参加家族１００家族。

●企業
化粧品メーカー

●問題
新商品の開発をしたいが、生の声がわからない。
新規販路を開拓したいが、方法がわからない。
会社のブランドを高めたいが、方法がわからない。

●方法
イベント＋商品開発

イベントをやりながら、商品開発のモニターを行う。
アンケートデータ、ヒアリング内容をデータ化し、企業に提供。
社会貢献企業としてのブランド価値を高めるため、研修を提供。
紙アンケートと、モニター（期間別、年齢別、悩み別モニタリング）。
5月末から6月　第1回。
保育ボランテイアを用意する。
個人情報は渡さない。販路の約束はしない。

大事なのは売上ではなく利益

飲食店に限らず、ビジネスで重要なのは売上ではなく、利益です。

● A店

投資額2000万円の店舗
年間で450万円の利益
4年で、投資額が回収できるお店

●B店

投資額１００万円のお店

１日で１万円の利益

月で30万円の利益のお店

金額で言うと、Aの方が成功しているように見えませんか？　Aの場合だと、投資した分を回収するためには、４年２ヶ月かかる計算になります。つまり、４年後に、ようやくプラスマイナスがゼロになるわけです。Bの場合だと、お店をはじめて、４か月目には投資が回収されて、プラスマイナスがゼロになります。そこからは、利益が出る形になります。10年後には、どちらに利益が残っているでしょうか。

●A店

年間４５０万円×10年＝４５００万円（10年間の利益）

４５００万円－２０００万円（投資額）＝２５００万円

●B店

月で30万円なので年間３６０万円×10年＝３６００万円（10年間の利益）

３６００万円－１００万円（投資額）＝３５００万円

こんなに違います。10年たっても、AはBを追い越すことはできません。これは、あくまで比べるための計算になります（税金も取られますから）。この計算で伝えたいのは、「利益を生むことは大事」と「立ち上げに大きなお金をかけない」ということです。安く小さく初めて、大きく育てることが大事です。

「おやこカフェほっくる」では、立ち上げ段階でかかった費用は約３００万円。一般的なカフェだと１０００万円以上かかるので、かなり安くなっています。改装のコストがかからなかったのが大きいと思います。また、お店に必要な玩具、道具、机などは全て寄付でいただきました。お客様用のテーブルなど、お客様に直接触れるものは、お金をかけて準備をしました。内装も、お金をかけていません。子どもが集まるスペースという理由で、壁紙をキャラクターにしたら、コストもあがっていたでしょう。厨房の機材などはリサイクルセンターで集め、器具の取り付けはシルバー人材センター（高齢者の方の働き場）に依頼しました。一般の工務店よりも、安くなっています。地域のチカラを借りられるのも、親子カフェの良いところだと思います。

8

カフェ開業に必要なペーパーワーク

カフェ開業に必要なのはコレだけ!

必要な許可・資格

カフェ開業に必要な許可・資格はコレだけです。

①営業許可申請書(保健所)
②営業設備の大要・配置図(保健所)
③食品衛生責任者資格証明書(保健所)
④水質検査成績証明書(不動産屋さん)
⑤防火防災管理者(消防署)

食品衛生管理者は1~2日の講習を受ければ、取得できます。飲食店には必ず1人はいます。防火防災管理者は、特にたくさん人が集まる施設には必要です。保健所の営業許可の申請は、お店がある地区を管轄しているところに提出してください。保健所の方がチェックにきます。チェック後に、営業許可が下りて、スタートとなります。

気を付けないといけないのは、お菓子やお惣菜です。お菓子をつくって販売するときには、菓子製造業の資格が、お惣菜にはそうざい製造業が必要です。私たちでは、お菓子はプロの方につくってもらったものを仕入れていたり、その場でつくったものを召し上がってもらっています。「お菓子づくりが得意だから、つくって売りたい」という方も多いと思いますが、売ってしまうと違法になってしまいます。気づかないうちに違法になってしまったり、食中毒を起こすとお店としては大変です。なるべく飲食については気を配りましょう。

契約と保険

私たちの親子カフェは、マンションの部屋を使って運営している都市型の親子カフェです。ですから、ペーパーワークで言うと、物件のオーナーさんとの賃貸借契約を結んでいます。一般のカフェのように、お店を改装したり、ゼロからつくり上げる形ですと、ペーパーワークはもっと増えます。設計者さん、施工業者、内装業者、建築家との契約など、お付き合いするプロの方の数だけ、契約書ややるべきペーパーワークも増えていきます。基本的にフォーマットは用意されているので、サインをする時だけ気を付ければ良いと思いますが、もしペーパーワークが苦手なら得意な人と一緒にやった方が良いです。

保険については二つに入っておきます。

● 賠償責任損害保険

お客様のケガや盗難など、「お客様」に対する賠償などを保証

●物損害保険

火災、器物損壊、店の売上などの盗難、設備損壊など「お店」に対する損害を補償

毎年更新して、更新料も支払わなくてはなりませんが、イザというときのために備えておいてください。保険会社も玉石混交で、どこに入って良いのかわからないこともあるでしょう。そういう時は、物件を紹介してくれた不動産屋さんに紹介してもらったり、先輩の店舗経営者に聞いてみてください。私たちに聞いてくださってもご紹介いたします。保険は、イザという時に頼りにならないところでは困ります。手続きの簡単さや、保障額の大小ではなく、頼りがいで選んでください。

衛生と安全管理

子どもがやってくる場所なので、衛生管理は必須です。保育園や幼稚園ほど厳密な決まりはないですが、およそ飲食をする場所であることも忘れてはいけません。保健所の決まりに従っていれば、たいていの基準はクリアできると思いますが、お店の中のことまでは教えてくれません。例えば、玩具の消毒であったり、玄関やトイレの掃除などです。玩具は定期的に消毒してください。アルコール除菌や消毒スプレーが便利です。玄関やトイレは、大勢の人が使う場所なので特に汚れます。また、汚れが目立つ場所でもあります。トイレに入っていると、目の

「おやこカフェほっくる」の本棚

開かないように、指が入らないようにテープでとめています

前の壁も気になりませんか。ある意味では、お店の顔でもあるので、しっかり清潔にしましょう。もう一つ、ノロウイルスや風邪が流行っている時期には、玄関、ドアノブ、トイレの掃除は特に念入りにしてください。食中毒と同様、ノロウイルスや風邪の媒介場所になってしまうと、居場所としては閉鎖の危険もあります。ウイルスは毎年増えるものですが、予防で減らせることも、増やさないこともできます。玄関に、アルコール除菌のハンドスプレーを置いておくと良いでしょう。

衛生とならんで、大切なのはケガ防止です。私たちの親子カフェでは、大きなボールは置いていませんし、乗り物もおいていません。大きなボールがあると、子どもは投げたくなってきます。乗り物が置いてあれば、ずっと乗ってしまいます。どちらも、ケガをするリスクはありますよね。このケガをするリスクがあることと、幼稚園や保育園にもボールがあることから、私たちの場所ではあえて置いていません。その代わり、子どもたちが喜びそうな玩具をたくさん用意しています。

リスクで言えば、小さな玩具の飲み込みもあります。これを防ぐために、小さな玩具は置いていませんし、電池で動く玩具も電池を抜いています。電池がないと動かないから楽しめないように思えますが、子どもたちは案外楽しく遊んでくれています。

床座式になっているので、赤ちゃんは落っこちる心配はない反面、低い机に頭をよくぶつけ

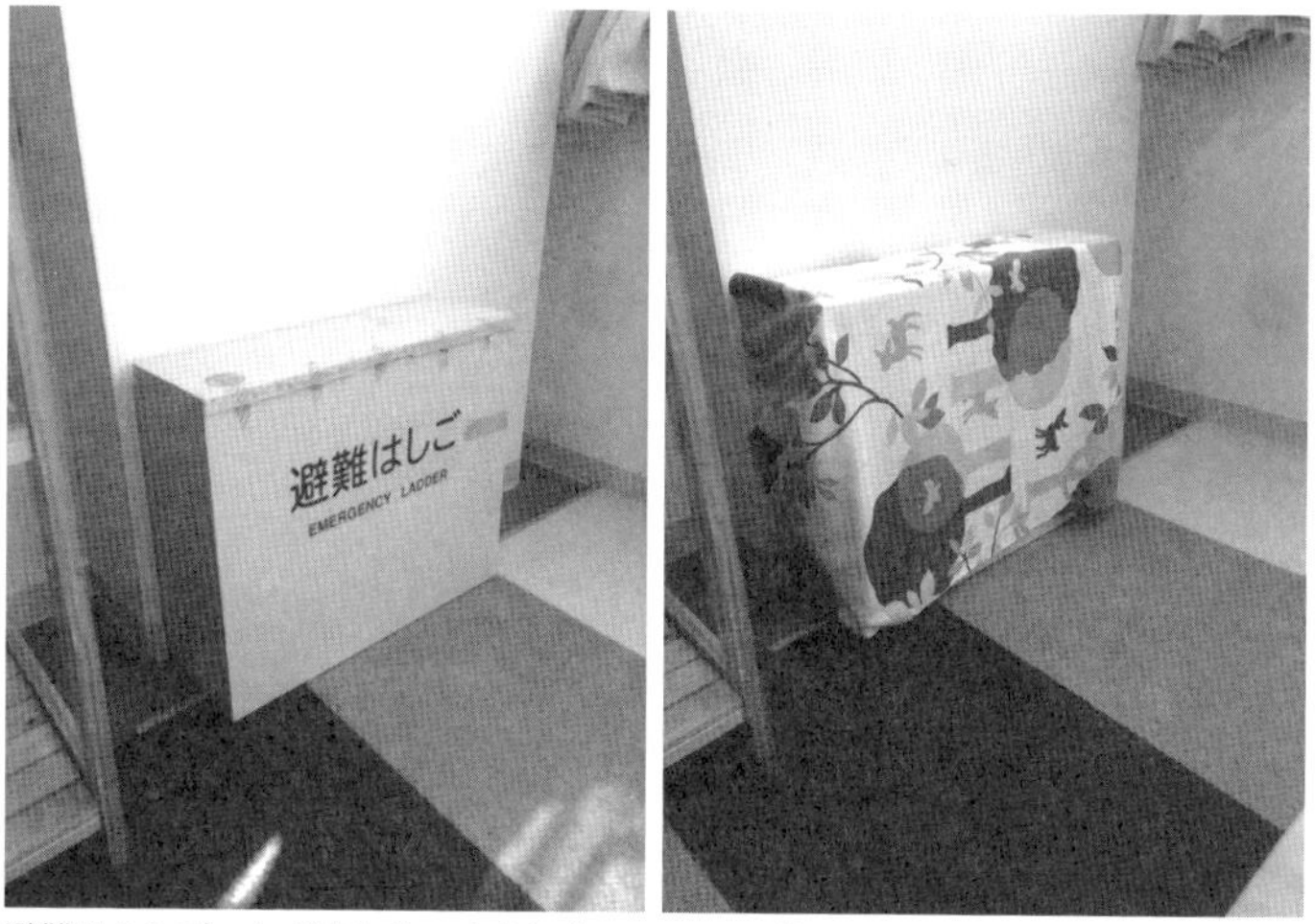

避難用ハシゴ。ケガをしないようにクッションで巻いています

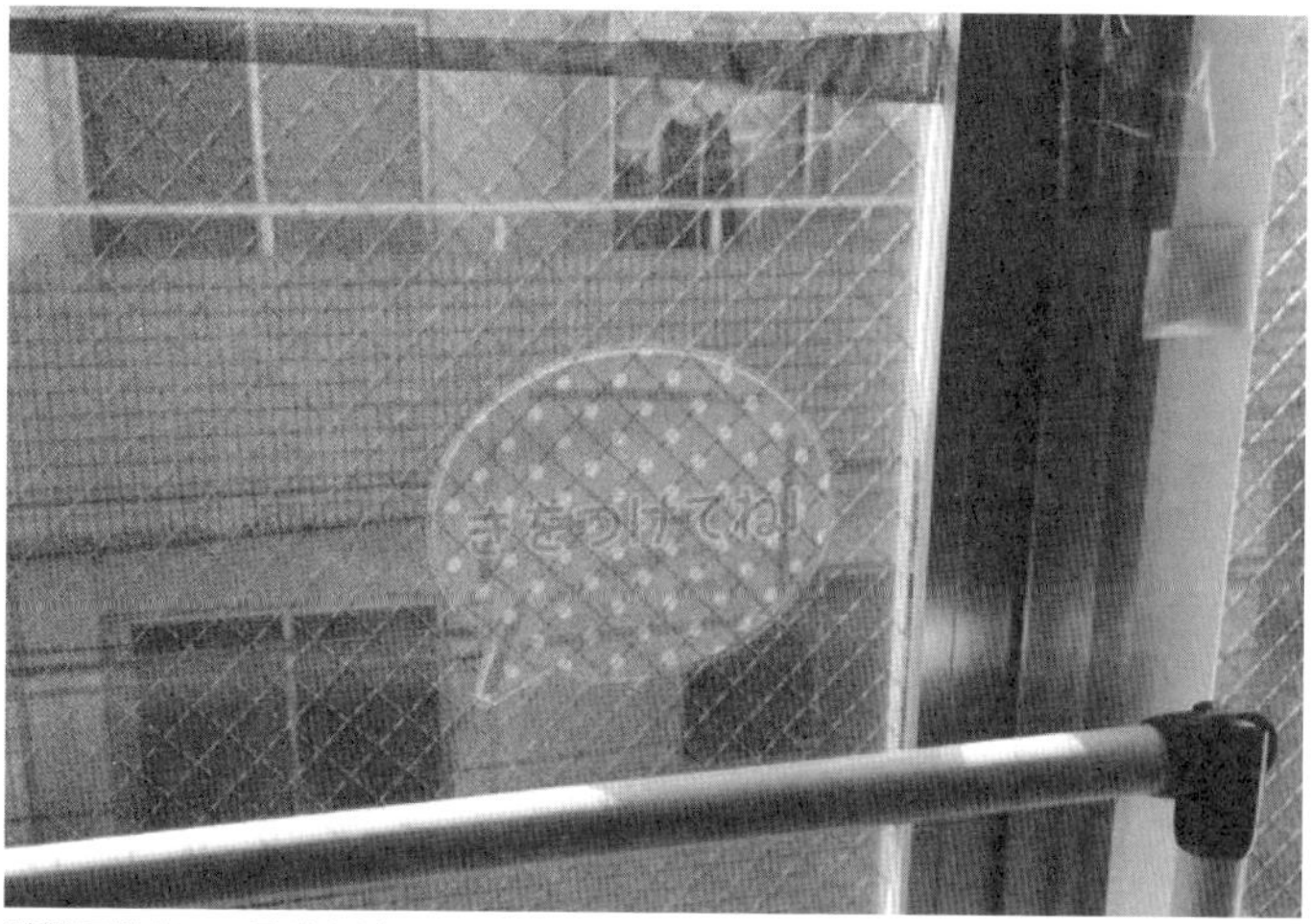

避難用脱出口。子どもだけではなく、大人にも伝えています

てしまいます。たっちの時のつかまり立ちや、赤ちゃんがハイハイするときにも、お母さんの目が届きやすい高さの机です。角がなく、丸い机にしているのはお部屋の雰囲気に合わせるためと、ケガ防止でもあります。本棚もケガ防止のために、テープで止めています。本来は、開閉が自由な形なのですが、扉と本棚の小さな隙間に指が挟まる危険性があるので、思い切って閉じてしまいました。見た目が少し悪くなりますし、わざわざ開閉式の本棚を買ったのに機能を活かせないこともありますが、お子さんのケガ防止はもっと大切です。

他にもお子さんが上がりそうな避難ハシゴが入った箱、窓際、机にも気を配っています。登ったり、ぶつかっても大丈夫なようにテープとクッションで巻いたり、窓に関しては登れないように足場をなくしています。

電気器具のコード類も危険です。赤ちゃんは好奇心旺盛ですので、引っ張ったり、舐めたりしがちです。特に高いところにあるコーヒーポットのコードを引っ張ったら、やけどの危険もあります。コードは赤ちゃんの手の届かないように、奥にしまっています。また、引っ張っても落ちないように電気器具はしっかりと固定しています。

リスクばかりをお話していますが、赤ちゃんがいる以上、ケガはつきものです。だからこそ、お客様との信頼関係や、お互いに見守りの姿勢が大事だと思います。店長、店員だけがお子さんを見守っている形だと、問題が起きたときに全部責任を負わなくてはいけません。お客様同士、お店のスタッフみんなで、赤ちゃんの安全を守っていった方が、結果的にケガは防げますし、なにより良い雰囲気になります。いままで大きなケガはないのですが、小さなケガは起きてしまいます。

例えば、赤ちゃんと赤ちゃんがハイハイでぶつかってしまったり、転んだところに玩具があってぶつけてしまったりです。こういう時のために、店長には緊急時のケガ対応を覚えてもらっています。もちろん、救急箱や氷はいつも確保しています。

マニュアルには余白を

店長には、親子カフェの運営を任せていますが、どちらかと言えば、「楽しくするということ」を覚えてもらっています。楽しくというのは、お客様だけではなくて、店長自身もです。仕事をラクにするのではなく、仕事を楽しくすることを考えてもらっています。カフェを運営しているのではなく、「自分の曜日、自分で居場所をつくっている」と意識しているので、自発的に動いてくれています。お客様との関係性も、店長とお客ではなく、「一緒に一生の2時間をすごす人」という間柄になっています。こういう関係性になっているのは、ひとりひとりの店長が、お客様とコミュニケーションをとっているからこそだと思います。

電話応対の重要性

親子カフェには、マニュアルはありません。強いて言うと、電話応対のマニュアルぐらい（A4用紙1枚のみ）です。電話応対のマニュアルがあるのは、お店にとってはお客様との初めての出会いになるので大切にしたいからです。親子カフェにかかってくるのは、私たちの場合だと三つだけです。「予約の電話」「その他の電話」「事務所への電話」。NPO法人の事務所も兼ねているので、事務所への問い合わせも掛かってきます。特に新聞やニュースに取り上げられると、問い合わせが増えるのです。予約の電話について聞くことは、「曜日」「人数」「名前」「連絡先」だけです。シンプルですよね。アレルギー対応をしてほしいとか、離乳食が必要などは予約の時に、お客様から伝えてくれます。この予約のリクエストは、電話だけではなく、メールとFACEBOOKでも受け付けていますので、負担は軽減できていると思います。それでも、予約電話は多く、特にお昼時にかかってくることが多いので、ランチの準備をしている店長が大変です。そんな時でも、「電話はお客様と出会う最初の一歩」と意識していると、きちんと対応できます。電話を電話とだけ考えていると、対応も雑になってしまうのです。その他の電話は、レンタルスペースの申し込み、営業の電話、特別の申し込みなどです。レンタルスペースと営業は、一括してオーナーが対応していますので、店長としては連絡先を聞くだけとシンプルな作業で済みます。特別の申し込みは、誕生日のケーキをつくってほしいとか、結婚記念のサプライズをしてほしいなどです。出来る限り対応していますが、こちらも店長の裁量に任せています。店長によっては音楽を提供してみたり、自然食のケーキをつくってみたりと、出来ることにも特色を出しています。

シミュレーションで店長の力を引き出す

初めて店長さんになる方には、全体の流れをシミュレーションで教えていきます。流れは、以下のような形です。

10時　店長到着
10時5分から30分まで　お掃除
10時30分から10時50分まで　ランチ準備
10時50分　お店の看板をオープンにする
11時　開店
11時から14時まで　ランチ対応
14時から16時まで　カフェ対応
16時から16時30分　後片付け、伝票整理、帰宅準備

大まかな流れは決まっていますが、貸切があったり、イベントがあると変更も出てきます。

時間配分や実際のやり方は、本人にお任せしています。なぜかと言うと、運営するのは自分だからです。その日は、自分の店舗として運営してもらうので、自分のペースで運営していかないと続きません。ですから、時間の流れは決まっていても、配分や方法は自分で考えてもらっています。慣れてくると、お店についたら、まずはお米を炊く準備をしてから、お掃除をして、炊けるまでの時間を無駄にしないようにしたり、手間が掛かるトイレや玄関の掃除を先にしてから、お部屋に掃除機をかけたりと自分のスタイルでこなしていっています。

新しい店長さんが決まると、お店側とお客様側にロールプレイング（役割を演じる）を行います。新人さんがお客様側ですね。こんな感じで行っていきます。

新人　ドアを開けて入ってくる

店長「いらっしゃいませ、どうぞお入りください」

新人　お部屋に入ってくる

店長「こんにちは。初めていらっしゃいましたか？　それとも何度かご利用はありますか？」と聞いたら、初めての方には料金体系を見せながらご説明してください。何度か来たことがあるなら「お好きな席にどうぞ」と言ってください。言わなくても、普通に入って座っていきます。

新人　お客様は座ったら、ランチが出てくるまで待っているのですか？

店長　そうですね。その前に、フリードリンクの場所だけ教えてあげてください。飲んで待ってくださいます。

こんな感じで1日の流れをシュミレーションしていきます。店長は流れだけではなく、コツも伝えていっています。普通は、店舗運営マニュアルがあって、お辞儀の角度から接客、配膳の方法も教えていますよね。マニュアルを厳密につくらず、余白をもうけているのは、店長が自ら主体的に動いてほしいと思っているからです。マニュアルがあると、それに頼りっきりになってしまいますが、自分で聞いたメモや学んだ体験があれば、自分を頼りにするしかありません。やっていくうちに、自分がラクにできる方法を見つけていきます。こうして、自分を頼りにしていけば、「この曜日は自分のお店だ」と責任と自覚も出てきます。マニュアルをつくっていないのは、店長自身のチカラを引き出すだけではなく、そもそも必要がないからとも言えます。

お客様との関係のとり方

マニュアルがないため、運営方法を事細かに教えることはありませんが、親子カフェのコンセプトや自分がつくりたい店づくり、関係づくりのことはシッカリと話し合います。親子カフェのブランドや中身を理解していると、そこを基準に対応を考えられます。接客の仕方もマニュアルがなくても、「親子カフェは赤ちゃんとお母さんが過ごしやすい場所」とちゃんと理解していれば、そこを判断材料に対応を考えられます。

ある店長が、お客様に対応しすぎてしまうことに悩んでいました。お客様が望んだままに、なんでもやってしまっていて、他の作業に手が回らなくなってしまったのです。お客様は座席から、大きな声で店長を呼んで、本を取ってもらったり、オムツを替えるように頼んできます。

その時に考えてもらったのは、「ママはプロデューサー」ということです。お母さんは、それぞれ素晴らしい力を持っていて、それを充分に自然に発揮できるのが親子カフェ。そうなると、お客様が座席から、あれこれオーダーするのは、王様みたいな扱いです。一般の飲食店であれば、座席から店員を呼んで、何かを頼むのは当たり前ですが、親子カフェでは出来ることはやってもらっています。ですから、店長には、親子カフェのコンセプトをもう1度考えてもらいました。「お客様は神様だけど、こちらがなんでもやるのは良くないよね」と気づいてからは、お客様から頼まれたことには、もちろんお答えしますが、お母さんが出来ることについては「オムツ替えのスペースは、奥にございますので、お願いいたします」と答えるようになりました。この、親子カフェのコンセプトは、やがて文化となって、お店全体に広がっています。だからこそ、お母さんたちも自分で出来ることは、どんどんやって、お願いしたい時は自然と頼んでくるようになっています。

文化ができれば、マニュアルは要りません。店長たちは、親子カフェの文化をしっかりと理解していながら、自分たちがつくりたい居場所のコンセプトも守っています。こうして、それぞれの曜日にも特色ができ、店長たちも自信と責任を持って運営してくれるのでしょう。

店長が変わることは、時折あります。お店にとっては曜日のコンセプトも変化するので痛手ですが、この親子カフェで学んだ方が、他の場所で自分の望んだ居場所をつくってくれたり、新しい人生をおくってくれるのはすごく嬉しいです。また、新しい店長が新風を巻き込んでくれると、親子カフェとしてもリニューアルできます。ガラリと雰囲気が変わるので、また新しいお客様がやってきたり、興味をもってくださる方も増えます。1人しか店長がいない店だと、リニューアルは大変ですよね。店舗改装や新メニュー開発をしなくても、リニューアルができるのは、一般のお店と比べるとお得だと思います。

「居場所」は思いだけではつくれない

お店を始めるまでのペーパーワークをお伝えしましたが、本当は会計処理や税金など、お店を続けるためのペーパーワークがあります。居場所づくりでよく言われていることなのですが、「思いがあればつくれる」というのはウソです。正確に言えば、思いだけではつくることは出来ても、続けることはできません。親子カフェをつくり、維持するためには、創業者の思いはもちろん必要ですが、場所ができること、お客様が望んでいることを考えたり、立地や集客、店員のマネジメント、日々の会計など、運営と経営の両方の知識が必要です。すべてのことを自分で行うのはムリなので、基本的なことは学んでいただき、出来ないことはプロにお任せしていく。自分の「思い」だけを燃料にしているだけでは、進める距離も短くなります。

親子の居場所は、つくることよりも、続けることに意味があります。そして、続ける時には、運営する側も楽しく、ラクにしていく工夫が必要です。持続可能な仕組みをつくるには、思いだけではなく、技術も要るのです。

おわりに

スムーズに運営ができるようになったころから、「親子の居場所をつくりたいので相談に乗ってくれませんか？」というご依頼が増えてきました。そこで、「親子カフェの作り方」という講座を開いたところ、とても盛況でした。そのうち、居場所をつくりたい人だけではなく、居場所をつくっているけど上手くいっていない人や、これから政策として親子の居場所をつくりたい行政の人もやってくるようになりました。

講座をやっていて本当に思うのは、みなさん思いがあって始めた方ばかりということです。「地域のお母さんのために」「私たちが育児中は大変だったから、助け合える場が欲しい」とアツい思いを持って事業をしていらっしゃいますが、いずれもうまくいっていない方が多かったです。うまくいっていないというのは、経営的なことだけではなく、働いている方のマネジメントだったり、集客、地域との関わりなど多岐にわたる問題がありました。私たちは大成功例ではないのですが、総合的にうまくいっているほうだと思います。たぶん、これは、運営と経営を両方学んだり、出来ないことはプロに頼んできた以外にも、場をつくることがゴールではなかったからだと思います。

親子カフェは、その名の通り親子が集まるカフェ（居場所）です。今、このカフェ自体も進化してきて、夕方からの時間は中高生が集まる居場所にもなっています。つまり、午前中は赤ちゃんとお母さんが集まり、夕方からは中高生の集まる二毛作となるのです。物理的には同じ場所で、違う層が集まっています。これは、場所の利用という意味では効率が良いと思いますし、どちらの層にもメリットが多いのです。中高生は、赤ちゃんが来る場所というのを知っていますので、場所をキレイに使っていますし、赤ちゃんの玩具や育児書があると「懐かしい」と言って手に取ったり読んだりしています。学生のころに、育児に触れられる機会があるのはすごく良いことですよね。いずれは、午前中にも来てもらって、赤ちゃんと接してほしいなと思っています。お母さんたちにとっては、ちょっと早いかもしれませんが、子どもの成長した先の姿を見ることができます。今の学生の姿を見るのも学びになりますし、お母さんも赤ちゃんも学生の役に立っているという意識はすごく嬉しいようです。

私たちの親子カフェは、赤ちゃんと赤ちゃん、お母さんとお母さん、お母さん、赤ちゃんと店長、お母さん、赤ちゃんと専門家というつながりをつくってきましたが、新たにお母さん、赤ちゃんと学生というつながりも生み出しました。このプロセスで、新しい自分も発見できたと思います。場所をつくって、あとは楽しんでくださいというのは営利企業の仕事。地域で、場所をつくるのであれば、つながりや継続性も考えなくてはダメです。地域というのは、ふんわりしていて分かっているような、分からないような感じがしますよね。カンタンに言えば、自分が住んでいると認識できている場があるということです。そこには、他者の存在も大事です。「子育て世帯」「シングルママ」「中学生」「30代会社員」。カテゴリー分けしてしまうと、その中の人を分かったような気になってしまいますが、実際のところは単純じゃないですよね。子育て世帯が全部似ているとは限りませんし、30代会社員だって、いろんなタイプがあります。よく知らないと、そのようなカテゴリーに入れて考えてしまいますけれど、それではいつまでたってもお互いに理解することはできないですよね。他の人と関わっていくことで、他人も自分もわかってきます。そして、共に住んでいる地域のことも再発見していきます。このつながりのつくりかたや、再発見は、授業のように誰かに教えてもらうのではなく、自分の頭、身体、心、行動で学んでいきます。居場所をつくるということは、誰かに自分を発見してもらう場所と機会をつくるということです。そして、そういう居場所を継続するためには、楽しくする工夫や運営のためのコツが必要だと思っています。

海外では、こういう形の親子カフェは極めて少ないです。子ども連れはどこのレストランでも食事ができますし、お店側が断ったらすごく問題になります。これは、社会で子育てを応援する文化が強く、また法律と刑罰が強いからだと思います。そういう社会も一つの姿ですが、できることなら、文化や気持ちだけで、子育てを応援できる社会になったら良いなと思っています。親子カフェが地域とつながるキッカケになるように、自分自身を再発見し、楽しく過ごせる場になればと願いながら、これからも人と人を結んで、地域に開いていきます。

最後に、この本をつくるに当たり、多くの方にお世話になりました。学芸出版社さんは、この本を世の中に出してくださいました。コミュニティや住まいについて真剣に考えている出版社から刊行できたことはとても光栄です。今日にいたるまで関わってくださった歴代の店長、応援してくださっている地域の皆様、ビルオーナー様、企業様、NPOの仲間たち、そして来てくださっているママ、お子さんたち、本当にありがとうございます。

もし、この本を読んで、もう少し詳しく教えてほしいなという方がいらっしゃったり、地域で子育て支援の場所、親子カフェをつくってみたいという方、現在運営しているけど悩んでいる方などいらっしゃいましたら、いつでもご連絡ください。講座を一緒に開きましょう。微力を尽くさせていただきます。

sugimamimama@gmail.com
おやこカフェほっくるオーナー
特定非営利活動法人リトルワンズ　代表理事　小山訓久

小山訓久（こやま　くにひさ）
オレゴン大学心理学部卒。帰国後、テレビ番組制作、構成作家を経て、2008年に母子家庭と子どもたちの支援を行うNPO法人リトルワンズを設立。国、地方自治体、企業と連携しながら、質の高い支援を提供している。おやこカフェほっくるの運営、子育て団体やママサークルの運営支援のほか、全国で講演やレクチャーを行っている。平成29年度東京都子育て応援とうきょう会議協働コーディネーターなど様々な公的委員を兼務。

親子カフェのつくりかた
成功する「居場所」づくり８つのコツ

2018年　2月　5日　第1版第1刷発行

著　　者………小山訓久
発 行 者………前田裕資
発 行 所………株式会社 学芸出版社
京都市下京区木津屋橋通西洞院東入
電話 075-343-0811　〒600-8216
http://www.gakugei-pub.jp/
E-mail info@gakugei-pub.jp
装　　丁………森口耕次
企画協力………小島和子
（NPO法人企画のたまご屋さん）
印　　刷………オスカーヤマト印刷
製　　本………新生製本

ISBN978-4-7615-2669-6　Printed in Japan